Compact
コンパクト版 **保育者養成シリーズ**

谷田貝公昭・石橋哲成［監修］
髙玉和子・千葉弘明［編著］

新版 児童家庭福祉論

監修のことば

　本「保育者養成シリーズ」（全21巻）は、厚生労働省から出ている「教科目の教授内容」（「指定保育士養成施設の教授担当者が教授に当たる際の参考とすること」）に準拠したものである。

　2012年から刊行を開始し、2015年に全巻の完成をみた。おかげさまで、全国の保育士養成の大学・短期大学・専門学校等でテキストとして使われ好評をいただいてきた。

　ところが、2017（平成29）年に、「幼稚園教育要領」「保育所保育指針」「幼保連携型認定こども園教育・保育要領」の改訂（改定）がそろって告示され、2018年4月より施行されることとなった。

　そこで、各巻の編者と著者に、先の3法令と不具合がないかどうか、検討作業をお願いした。不具合のあるものについては、書き改めてもらった。

　よく「教育は結局人にある」といわれる。この場合の人とは、教育を受ける人（被教育者）を指すのではなく、教育をする人（教育者）を意味している。すなわち、教育者のいかんによって、その効果が左右されるという趣旨である。そこで、教育を保育に置き換えると、「保育は結局人にある」となり、十分通用するといえる。

　保育学とか教育学とかは、ある意味において、保育者論、教師論であったといってよい。それは、保育・教育を論ずるとき、どうしても保育・教育を行う人、すなわち保育者・教師を論じないわけにはいかないからである。

　今も昔も、保育の成否が保育者の良否にかかっているといってよい。昔と比べて、保育制度が充実し、施設設備が整備され、優れた教材・教具が開発された今日においても、保育者の重要性に変わりはない。なぜ

なら、施設等がいかに優れたものであっても、保育者の取り扱い方いかんによっては、無益どころか、誤らせることも起こり得るからである。

　保育者の仕事は、本質的な意味においては、小学校以上の学校の教師と異なるものではない。しかし、対象である被教育者の発達的特質、すなわち、未成熟であるということと、それに伴う発達の可能性が大であるということからくる点に特徴がある。したがって、保育の方法や保育の内容などでも、小学校以上の方法や内容とはかなり異なったものがあるのである。

　したがって、保育者は、乳幼児期の発達上の諸課題とそれを実現させるための諸条件、そして、その働きかけのさまざまな方法を認識していなければならない。そうした面で、本シリーズを役立てていただければ幸いである。

　2018年3月吉日

　　　　　　　　　　　　　　　　　　監修者　谷田貝公昭
　　　　　　　　　　　　　　　　　　　　　　石橋 哲成

まえがき

　このテキストは、保育者を目指す人たちが理解しやすいように、児童家庭福祉についての重要なポイントをコンパクトにまとめた形式となっている。ここ数年児童福祉の法制度等が改正され、保育に関するサービスが拡充してきている。私たちが暮らす社会は時代とともに変化し、それに伴い家族の形態や生活スタイル、価値観もまた変容してきている。

　児童福祉法は昭和22年に制定されて以降、これまでにも社会の状況に合わせて改正されてきたが、法の理念および原理については変わることはなかった。しかし、平成28年の改正では、大きく転換することになった。法の理念の明確化として、第1条および第2条に、「児童の福祉を保障するための原理」であることを謳い、「児童の権利に関する条約」の精神に則り、子どもの適切な養育や生活保障、愛護されること、心身の健全な成長発達・自立が図られることなどの権利をもつことを明記している。家庭養育に必要とされる保護者への支援、また家庭環境において適切に養育できない場合は、必要な措置を講じ、子どもに里親家庭やファミリーホーム、小規模グループケアなど良好な家庭的環境を提供できるよう、より家庭に近い環境での養育が可能になるよう施策を充実させている。

　また、平成27年から「子ども・子育て支援制度」が実施されたことに加え、平成29年3月31日に告示された「保育所保育指針」「幼稚園教育要領」、「幼保連携型認定こども園教育・保育要領」が改訂（改定）され、幼児教育における共通の視点や認識をもたせている。保育の現場でのキャリアアップ研修も開始されることになり、ますます保育者の専門性の向上が求められるようになってきている。

児童家庭福祉は、子どもがより良い環境の中で、保護者や周囲の大人たちに愛され見守られながら、健全に育っていくための施策体系や実践である。法律や制度は年月を経て、その時代に合致しなくなり改正が必要となるが、根底にある児童家庭福祉の考え方や子どもの幸せへの願いは普遍であるだろう。これから保育者になる人たちが保育を仕事として長く携わっていくためにも、保育者養成校等において基本的な専門知識と技術を身につけて、これからの未来を担う子どもたちの成長発達を支援できる人材になって欲しいと願う。

　本書では、児童家庭福祉についての最新の情報や具体的取り組みなどを盛り込み、読者の皆様に理解しやすいように心がけている。このテキストが保育者への入り口となり、専門職として歩みだす皆様の道しるべになれば幸いである。

2018年3月吉日

編著者　髙玉 和子
千葉 弘明

もくじ

監修のことば 2
まえがき 4

第1章　児童家庭福祉の意義と現代社会

第1節　児童家庭福祉の意義 9
第2節　現代社会と子どもの育ち 11
第3節　地域社会と子育て環境の変化 14

第2章　児童家庭福祉と家庭支援

第1節　女性を取り巻くライフスタイルの変化 17
第2節　就労を支える 22

第3章　児童家庭福祉の歴史的変遷

第1節　欧米の児童家庭福祉史―近代まで 25
第2節　古代・近代のわが国の児童家庭福祉史―明治時代まで 26
第3節　近代・戦前のわが国の児童家庭福祉史
　　　　―大正時代から第二次世界大戦期まで 27
第4節　戦後のわが国の児童家庭福祉施策
　　　　―高度経済成長をまたぎ社会福祉再編期まで 29
第5節　現代の児童家庭福祉施策―少子化社会 30
第6節　現代の児童家庭福祉施策―要保護児童 31
第7節　児童家庭福祉の発展―選別と普遍 32

第4章　子どもの権利と権利保障

第1節　人権と子どもの権利 33
第2節　子どもの権利の歴史 34
第3節　児童の権利に関する条約と児童福祉法 35
第4節　児童福祉施設と子どもの権利 37

第 5 節　子どもの権利で大切なこと　*37*

第 5 章　児童家庭福祉の法体系

第 1 節　児童福祉法　*41*
第 2 節　子どもに関する社会手当法　*42*
第 3 節　母と子の健康と保健に関する法律と
　　　　　ひとり親家庭支援の法律　*43*
第 4 節　女性と福祉に関する法律　*44*
第 5 節　児童虐待および少年非行を防ぐための法律　*46*
第 6 節　少子化対策、子育て支援に関する法律　*47*

第 6 章　児童家庭福祉の行財政と実施体系

第 1 節　児童家庭福祉の行政　*49*
第 2 節　児童家庭福祉の財政　*53*
第 3 節　児童家庭福祉の実施者　*54*

第 7 章　児童福祉施設と専門職

第 1 節　児童福祉施設とは　*57*
第 2 節　専門職としての保育士　*63*

第 8 章　児童家庭福祉と子育て支援

第 1 節　少子化と子育て支援　*65*
第 2 節　地域で行う子育て支援　*70*

第 9 章　子どもと暴力

第 1 節　子ども虐待　*73*
第 2 節　ドメスティック・バイオレンス　*78*

第 10 章　子どもと社会的養護

第 1 節　わが国の社会的養護　*81*
第 2 節　家庭養護　*85*

第11章　障害のある子どもへの支援

　　第1節　障害を理解する　89
　　第2節　人権とは　92
　　第3節　障害のある子どもと家庭への支援　94

第12章　非行少年と社会生活への適応が困難な児童の支援

　　第1節　社会になじめない子どもたち方　97
　　第2節　非行少年への支援　98
　　第3節　社会生活への適応が困難な児童への支援　101

第13章　母子保健と子どもの健全育成

　　第1節　母子保健　105
　　第2節　こどもの健全育成　110

第14章　ひとり親家庭への支援

　　第1節　ひとり親家庭の定義と現状　113
　　第2節　ひとり親家庭への施策の現状　115

第15章　子どもの貧困と生活困窮世帯の子どもの支援

　　第1節　子どもの貧困に関する法律　121
　　第2節　地域の子育てと学習支援、子どもの居場所づくり　123
　　第3節　母と子のくらしと支援（父と子の場合も同様です）　126
　　第4節　母と子の暮らしの相談と支援　127

付録（関連資料）　129

監修者・編著者紹介　142
執筆者紹介（五十音順）　143

第1章 児童家庭福祉の意義と現代社会

第1節　児童家庭福祉の意義

1　児童家庭福祉と児童福祉法

　子どもとその家庭を支えていく基本的法律は児童福祉法である。この法律は第二次世界大戦後に誕生したが、敗戦の混乱期の1947年に法の対象は要保護児童だけではなく全児童を視野に入れた内容で制定された。戦前の子どもに関する法律は、被虐待児や非行少年、社会的養護を必要とする児童などに限定する法律が占めていたが、戦後はすべての子どもとなったことが当時としては画期的であった。その後何度か部分的な改正がなされたが、根幹であるその理念については踏襲されてきた。
　これまでの改正点は時代の変化に応じた内容で施設の名称・機能の再編成や保育士の国家資格化に伴う内容の改変などであった。2016年の児童福祉法改正の主な内容は、児童福祉法の理念の明確化、児童虐待の発生予防と迅速な対応、被虐待児への自立支援などである。第1条には児童の福祉を保障するための原理の明確化が打ち出され、「児童の権利に関する条約」に則っていることが明記されている。詳細については第5章を参照してほしい。
　同法第1条第2項に「良好な環境において生まれ、かつ、社会のあらゆる分野において、児童の年齢及び発達の程度に応じて、その意見が尊重され、その最善の利益が優先して考慮され、心身ともに健やかに育成

されるよう努める」とあるように、あらゆる子どもが幸せに生活できる社会を構成員である私たち大人が実現していくことが求められており、またそれが次代を担う子どもへの責務でもある。

2　子どもの最善の利益と社会

　児童家庭福祉とは、子どもが生き生きと幸せに生活することを保障することでもある。子どもの最善の利益については、国連で採択された「児童の権利に関する条約」の中に定められており、世界各国がこれを批准している。日本も批准しており、児童福祉法をはじめとする種々の法制度の下で子どもの権利を保障している。日々の生活における子どもを見守り、子どもの意思決定を尊重し、主体的に生きられるように支えている。子どもは小さい頃には親の言うことに従って生活していれば、順調に成長していくように受け止められがちであるが、大人と同様自分の意思や感情もある存在であると認識する必要がある。

　人間の子どもは「生理的未熟」と言われ、この世に生を受けてからすぐに歩いたり、一人で食べたりすることは難しい。人としての発達の道筋は段階を経てゆっくり進んでいくため、自分自身の力で生活することができるまで時間を要する。子どもが社会で自立して生活できるようになるまでは、親をはじめとする周囲の大人の援助が必要不可欠であり、それらを受けずに成長・発達することは難しい。身体的に、また精神的にも発達過程の中で人間らしくなるには、養育環境を整備し育てる時間や手間もかかる。近年の研究において乳児の「非認知能力」について関心が高まっており、ただ栄養を与えて衣服を着せ、衛生管理を良くして清潔に過ごせるようにすればよいだけではないことが言われている。人間は感情を伴う生き物であるため、生まれたばかりの乳児は言葉を発しないが、泣くことで自分の欲求や状態を相手に伝えていく。大人の応答的関わりが交わされることにより、知的にも精神的にも刺激を受けて成長していく。「そのため、何もまだわからないから」と関わりが十分で

ないと、子どもの成長や人格形成に影響が出てくることがある。

　日本において核家族化が一般化し、そのうえ共働き世帯が増加している。現代社会の生活は極めて忙しく、ゆとりがない状態で子育てが行われているが、子育てを親だけで行うには限界がある。また、乳幼児期における親などの養育者が子どもと密に関わる重要性が再確認され、改めて乳幼児期における子どもへの働きかけを親をはじめとして地域社会、社会全体で行っていくかが課題となっている。

第2節　現代社会と子どもの育ち

1　現代社会の現状

　日本の人口構成の推移をみると、2016年10月1日現在の総人口は1億2693万人であり、近代に入り最も総人口が多かった2010年の1億2806万人と比較すると、約113万人減少していることが分かる。これは少子化の進行と関連があることや世帯構造の変化が関係している（**図表1-1**）。また、日本では人口が集中している都市部と、過疎が進行している地方における人口の偏りが指摘されている。

　東京や大阪などの政令指定都市（人口50万人以上）や中核都市（人口30万人以上）は、貿易や商業の中心地として企業が多数拠点を構えており、経済活動が活発であるため、働く人たちが集中することになる。また、大学などの高等教育機関が多く存在しているため、地方から若い人たちが集まってくる。学業を終えた後も都市部で就職し、結婚して家族を形成し定着していく。その一方、地方では若者が流出する事態が起き、高齢者が多くなり人口が減少している。山間部では村落共同体を維持することが困難となってきている自治体も出ている。

　家族形態を見ると、主流は親と未婚の子どもから構成される核家族であり、祖父母と親と子どもからなる三世代世帯は減少している。また、

図表1-1　日本の人口の年次推移と推計

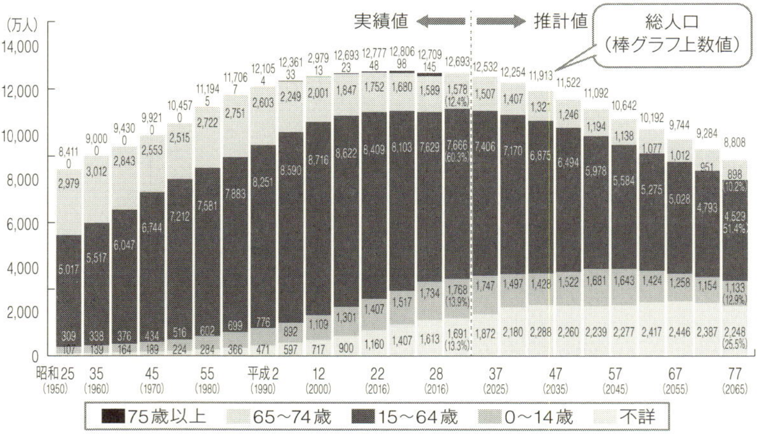

資料：2015年までは総務省「国政調査」、2016年は総務省「人口推計」（平成28年10月1日現在確定値）、2020年以降は国立社会保障・人口問題研究所「日本の将来推計人口（平成29年推計）」の出生中位・死亡中位仮定による推計結果。
注：2016年以降の年齢階級別人口は、総務省統計局「平成27年国勢調査　年齢・国籍不詳をあん分した人口（参考表）」による年齢不詳をあん分した人口に基づいて算出されていることから、年齢不詳は存在しない。

出典：内閣府「平成29年版少子化社会対策白書」より筆者作成

近年増加しているのは単独世帯である。単独世帯の内訳を見ると、未婚の一人世帯のほか、高齢者の一人世帯が多くなっている。未婚の世帯は少子化問題に直結し、高齢者世帯は介護や生活保護問題に関係してくる。

2　少子高齢社会の影響

　日本の合計特殊出生率は人口置換率（2.08）を下回っているため、現在の人口を維持することはもとより増加させることも難しい。2016年の出生数は97万6,979人、また合計特殊出生率は1.44となり、少子化対策が継続されていても子どもの人口は増えていない。15歳未満人口は1576万3000人であり、前年に比べて1000人減少している。

　少子化の要因としては、第1に晩婚化が挙げられる。婚姻件数も減少しており、平均初婚年齢が男女ともに上り、2016年女性は29.4歳、男性は31.1歳と上昇している。初めて子どもを持つ夫婦の年齢も高くなり、

第1子を出産する女性の平均年齢は30.7歳となっている。従って、子どもを産む人数も限られてくる。希望する子どもの人数としては平均2.32人となっているが、予定の子ども数は2.01人である。

次に子育て費用の問題がある。子どもを育てるのに養育費、教育費が必要であるが、高額であるため1人の子どもに十分な教育を受けさせたいと考えると、子どもを多く持たない傾向が出てくる。

また、親となる世代の就労形態が多様化しており、派遣や契約、パートタイムなどの非正規雇用が増えており、労働市場の3～4割を占めるようになっている。不安定就労は低賃金や長時間労働をもたらし、結婚や子育てなどを考える余裕がない人たちも出ている。その結果、単独世帯が増えることになる。

一方、65歳以上人口は3494万8000人と前年より593万5000人増加し、高齢者人口の伸びは今後も続いていく見込みである。2016年の日本の平均寿命は世界第2位であり、男性80.98歳、女性87.14歳となり、過去最高となっている。しかし、介護を受けず寝たきりにもならないで日常生活を送れる健康寿命との差は縮まっていない。いずれ介護が必要となる高齢者の人口は徐々に増えていくことになるため、少子化により社会保障費の負担率が重くなることは必然的となる。

少子化による影響として、労働人口の減少が指摘され、それを補うために定年退職の年齢を上げたり、人工知能（AI）やロボットの導入など技術面での改革が早急に施行され始めている。生産性の維持・向上を目指して、国と経済界が結束して施策の実効性を上げる努力をしている。経済的に安定した社会を維持・継続していくことは、子どもの将来の生活を保障していくことにもつながっていく。

3　子育て支援の重要性

子どもの出生数が減少している現在の社会で、必ずしもすべての子どもとその親が幸せに暮らしているわけではない。子育てに悩み、誰にも

相談が出来ずにうつ病を発症したり、地域から孤立した子育てをしている家庭もある。さらに、虐待を受けている子どもや親と一緒に暮らせない社会的養護を必要する子ども、貧困のために日々の生活で十分な栄養を摂取することが出来ない、希望する教育を受けられない子どもなど、さまざまな事情を抱える家庭の子どもたちがいる。それらの子どもたちへの支援は国の政策だけでは十分ではない。児童相談所などの専門相談機関があるにも関わらず、問題が重篤になってから訪れることが多い。そのため保育所や子ども家庭支援センター、保健所などで気軽に相談に応じる体制が作られているが、支援が行き届いている状況とはいえない。

ここ数年「子ども食堂」が各地で開かれるようになってきた。パートの掛け持ちで働くのに忙しく、子どもとの食事もままならない家庭が利用したり、地域との交流を求めて子育て家庭の親子が来るなど、温かい食事を囲んで人との関わりの心地よさを知る機会にもなっている。子どもの育ちには、地域社会における支え合いが必要である。

第 3 節　地域社会と子育て環境の変化

1　地域社会と子育て家庭

少子化の進行により、地域社会で子どもが集団で遊ぶ姿が見られなくなっている。子育て世帯数が減少し、そのうえ出生数が多かった時代と比べると、一家族の子ども数が少なくなっている。子どもの兄弟関係が少なくなることにより、早くから集団生活に馴染んで友達との関わりを持ってほしいと願う親が増えてきている。また専業主婦や育児休業中の親は地域社会とのつながりも薄くなっている。居住する地域で子育てをしている家族との出会いを求めて保育施設を利用したいと考えるため、保育所の園庭開放や子育てサロン、子育て講座等に積極的に参加している。親自身も人との関わりを求めて地域社会に出かけたいと思っている。

楽しんで子育てをしている親も多いが、反面親の時間や労力が取られるため子育てに疲れている人たちもいる。そのようなときに保育所等での一時預かり事業を利用して、気分転換や休息をとって再び子育てに向き合うことが大切である。近年各自治体や施設で、地域の子育てを支援する社会資源や情報を提供している。子育て支援拠点などに親子連れで気軽に利用することを進め、地域社会で支えていくことが健全な親子関係を育むことにつながることを認識しておく必要がある。

2　子どもの保育と子育て支援

　就学前児童の子どもはどこで保育を受けているかについては、2015年では、0歳児は85％が家庭等にいるが、それ以前と比べると保育所等の利用が増えている。1、2歳児では57.2％の子どもがまだ家庭等にいるが、それ以外は保育所、認定こども園、認可外保育施設で保育されている。3歳児になると、保育施設を利用しない子どもは約1割である。4歳以上児になると、全員が保育施設を利用していることになる。

　このことからもわかるように、母親が働いている場合、0歳児から保育所を利用していることが増えている。保育所が利用できないときには、認定こども園や認可外保育施設を利用するようになってきた。また、幼稚園は3歳児から保育することが当たり前になり、2歳児に対しては未就園児保育を行うようになった。

3　子どもの健全な生育環境

　子どもは日々成長・発達していくため、成人するまでの過程を見守り支えていく環境や体制を構築していくことが必要である。直接養育している親はもとより、周囲の大人や保育施設、教育機関に携わる保育者・教育者の関わりが重要となる。子どもは関係する大人の言動や考えを真似て、自分の中に取り込んでいく。親の生活様式や価値観、行動などは、同じ家族として生活していく中で身につけ、外部との関わりの中で再現

していく。虐待を受けた子どもが他児に乱暴な言葉や行為をすることは周知のことである。

　子どもが小学校以降になると、いじめや不登校の問題も出てくる。携帯の普及により、いじめの態様も以前とは異なってきている。いじめの対象となる本人に直接言葉や行為で示す場合もあるが、ラインなどで悪質な噂を流したり、無視、仲間から外すなど、心理的に追い詰めるようになってきている。残念ながら、これらの問題に教員が適切な対応をしなかったために、子どもの命が絶たれる事件が後を絶たない。

　成人するまで子どもはまだ成長・発達の途上にあり、心身ともに成熟していないことを念頭に置き、その子どもの生命や人権を守っていく必要がある。子どもがのびのびと自分の個性や能力を発揮できるような社会の仕組みを作る役割と責任は大人にある。私たちは子どもの将来の社会がどうあるべきかを、常に考えて行動していくことが求められている。

【引用・参考文献】

　全国保育団体連絡会・保育研究所編『保育白書〔2017年版〕』ちいさいなかま社、2017年

　内閣府編『少子化社会対策白書〔平成29年版〕』日経印刷、2017年

　内閣府編『高齢社会白書〔平成29年版〕』日経印刷、2017年

　中央法規出版編集部『改正児童福祉法・児童虐待防止法のポイント（平成29年4月完全施行）』中央法規、2016年

（髙玉和子）

第2章 児童家庭福祉と家庭支援

第1節 女性を取り巻くライフスタイルの変化

1 わが国の人口統計

(1) わが国の人口の動き

　国が5年ごとに実施している国勢調査によると、2015年10月1日現在の総人口は約1億2711万人で1920年の調査以来初めて減少した。世界各国の人口では、中国がもっとも多い13億人、次いでインド、アメリカ、インドネシア、ブラジル、パキスタン、ナイジェリア、バングラディッシュ、ロシアに続いて世界で10番目である。しかし、人口上位20カ国のうち我が国だけが減少している。その原因は、出生数が低下して死亡者数が増加したことにより、死亡者数が出生数を上回ったため人口の減少につながったことにある。

　また、男女の人口を比べてみると、1945年以前は男性が多かったが、それ以降は女性が多くなり、2015年では、男性より女性が345万人多い。

　図表2-1は、人口の集中している地域を示したものである。色の濃い部分に人口が集中していることを示していて、都道府県ごとに見てみると、最も多い東京都が全国の1割以上を占めている。次いで神奈川県、大阪府、愛知県と続き、最も少ないのは鳥取県で、次いで島根県、高知県である。人口の増減では、沖縄県、東京圏（東京都、神奈川県、埼玉県、千葉県）愛知県など8県は人口が増加しているが、それ以外は減少して

いる。最も人口密度の高い東京都では、1㎢あたり、6168人に対して、北海道は69人と約100倍の差がある。さらに東京圏（東京都、神奈川県、埼玉県、千葉県）の人口が、全国の4分の1を占め、増加している。

(2) 少子高齢化の加速

65歳以上の高齢者人口の割合は27.3％で、うち75歳以上の後期高齢者は13.3％である（2017年度）。高齢化が進

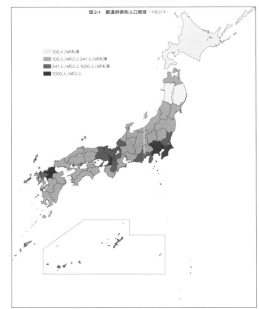

図表2-1　平成27年勢調査　人口集中地区全国図

出典：総務省統計局「平成27年国勢調査結果」より筆者作成

んでいるイタリア、ドイツ、韓国といった諸外国と比較しても我が国だけが急激に高齢化が進んでいるために、高齢者増加への施策やサービスの拡充、財源の確保が必要となっている。

都道府県別年齢別人口割合では、65歳以上人口が最も多いのは、秋田県の33.5％、次いで高知県32.9％、島根県32.6％である。一方、15歳未満人口が最も多いのは沖縄県の17.2％、次いで滋賀県14.6％、愛知県と佐賀県が14.0％である。最も少ないのは、秋田県の10.6％、次いで東京都・福島県・北海道が11.3％である。

つまり、都市部に人口が集中して過密化し、都市部から遠くなる地方ほど人口が少なく過疎化している。都市部に就労、利便性、子育てのしやすさを求めて流入してくることで、地価の高騰、待機児童問題、高齢者施設の不足等の問題が発生する一方で、地方では、深刻な少子高齢化、

自治体の財政難、買い物難民の発生、限界集落等の課題を抱え、今後ますます都市部と地方の格差が拡大することでさらに深刻な問題を引き起こす可能性がある。

2 女性を取り巻く環境の変化

(1) 進む晩婚化

男女別15歳以上の人口のうち、男性の未婚が31.6％、既婚（死別、離別を含まない）が61.3％に対して、女性の未婚は22.9％、既婚が56.6％であり、男性の未婚率が高い（2015年度）。

図表2-2は、既婚と未婚の数を示すグラフである。既婚が未婚を上回るのは、男女共に30〜34歳以上である。つまり、男女ともに25〜34歳までに結婚する人が多いことから晩婚化が進んでいて、第1子出産も30歳代が圧倒的に多くなることから、高年出産による出産のリスクや加齢

図2-2 配偶関係、年齢（5歳階級）、男女別15歳以上人口の割合（全国　平成27年）

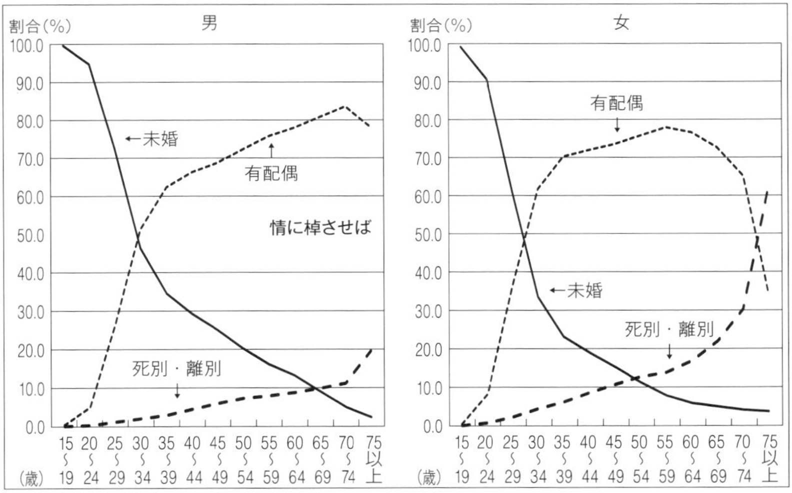

出典：総務省統計局「平成27年国勢調査結果」より筆者作成

による不妊といったリスクも発生しやすいと考えられる。

　国立社会保障・人口問題研究所による「2015年社会保障・人口問題基本調査（結婚と出産に関する全国調査）」によると、いずれは結婚しようと考える未婚の男性で85.7％、女性では89.3％と高水準を維持しているものの、「一生結婚するつもりはない」と答える未婚の男性は12.0％、女性は8.0％で増加傾向にある。

　独身にとどまっている理由を18〜34歳までの独身者に調査したところ18〜24歳の男性は、結婚しないのは「まだ若すぎる」が最も多く、25〜34歳になると「まだ必要性を感じない」が最も多いが、次に「自由さや気楽さを失いたくない」となる。一方女性は、結婚しないのは18〜24歳では「仕事（学業）に打ち込みたい」が最も多いが、25〜34歳では「自由さや気楽さを失いたくない」が最も多くなる。男女ともに25〜34歳では、結婚できない理由に「適当な相手にめぐり会わない」が約半数を占めている。

　このことから、25歳までは結婚しない理由に「自由や仕事、学業に時間を使いたい」と自己実現を求めていることに対し、25歳以降になると結婚できない理由が増えて、結婚相手がいないことや結婚資金が足りないなどの現実的な理由が加わってくることから、結婚は自己実現の妨げになり、現実的には資金や理想の相手を求めて結婚を躊躇することが考えられる。

(2) 女性の働き方の変化

　2015年の国勢調査での15歳以上人口の労働力率は、49.8％で、2000年以降低下が続いている。男女別に見ると、男性が70.8％、女性が49.8％で、男性の低下に対して女性が上昇している。

　図表2-3の年齢、男女別労働力率では、男性は、ほとんど変化が見られない。しかし、女性は1985年（昭和60年）では、20〜24歳をピークに25〜34歳に急激に低下し、35歳以降に再び上昇するM字カーブを描いていたが、2010年（平成22年）、2015年（平成27年）では20歳以降も上昇

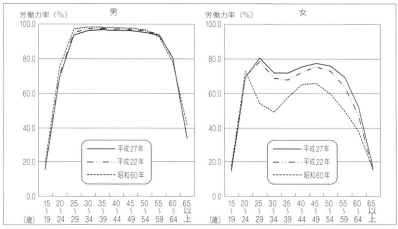

図2-3　年齢（5歳階級）、男女別労働力率合（全国　昭和60年、平成22年、27年）

出典：総務省統計局「平成27年国勢調査結果」より筆者作成

を続け、25〜29歳をピークに30歳以降はわずかに低下するものの、その後も低下しないままの山型を描いている。これは、結婚を機に退職する女性が減り、結婚・出産後も働き続ける女性が増えているといえる。女性が結婚、出産に関係なく働き続ける考え方へと大きく変化しつつある。

　15歳以上の働いている人の地位を見ると、正規の職員・従業員では、男性が64.4％に対して女性が38.9％と女性は男性の約6割程度でしかない。一方、派遣社員とパート・アルバイト・その他では、男性は14.5％、女性は46.5％と女性は男性の約4倍となっている。

　つまり、男性は正規雇用が多いのに対して、女性は派遣やパート、アルバイトが多いのは、そもそも女性の正規雇用が少ないこと、女性の家事・育児の負担が高いために家事・育児との両立がしやすい、配偶者の扶養の範囲で働く方が有利な仕組み、女性の中途採用の正社員雇用が少ないといったことがいえる。

第2節 就労を支える

1 男女が共に働く社会

(1) 雇用機会均等法

　1986年に施行された「雇用の分野における男女の均等な機会及び待遇の確保等に関する法律（雇用機会均等法）」では、女性差別を禁止して、男女の均等な機会および待遇の確保を図ることを中心とした。しかし、さらなる女性の社会進出、少子高齢化、女性労働者の権利意識の高まりにより、2007年に改正され、男女双方に対する募集・採用・配置・昇進・降格・教育訓練・福利厚生・職種の変更・雇用形態の変更・退職の勧奨・定年・解雇・労働契約の更新にまで広がった。また、女性が結婚、妊娠、出産のための産前産後休業を退職理由とすること、その旨をあらかじめ労働契約や退職制度として定めることを禁止した。さらに職場におけるセクシャル・ハラスメント（以下、セクハラ）についても性的な言動に対する対応により労働者が不利益を受けたり、就業環境が害されることのないよう、相談に応じ、適切に対応するために必要な体制の整備等を整えなければならない。そして、男性へのセクハラも保護の対象とされた。その他にパワハラ、マタハラなどのハラスメントがある。

(2) 育児・介護休業法

　1995年にそれまでの育児休業法と介護休業法を「育児休業、介護休業等育児又は家族介護を行う労働者の福祉に関する法律」に改正し、2010年のさらなる改正では、育児・介護のための休業の権利の保障、子の看護休暇・介護休暇、育児のための所定外労働の制限、育児・介護のための時間外労働の制限・深夜業の制限、育児・介護を容易にする勤務時間短縮等の措置を義務づける、育児・介護を行う労働者を支援する措置を講ずることといった雇用者への義務化が強化された内容が2012年7月1

日より全面施行となった。

2　働き方の改革

(1) ワーク・ライフ・バランス（WLB）の推進

2007年12月「仕事と生活の調和憲章」および「仕事と生活の調和推進のための行動指針」が制定された。

WLBを直訳すると「仕事と私生活のバランス」である。具体的には、短時間勤務制度、フレックスタイム制、家族看護休暇などである。

WLBの意義は、従業員は生活の質を高めることができ、企業にとっては従業員の労働意欲が高いと業績も高くなるという双方のメリット、ライフスタイルの多様化への対応、健康管理、共働き、多様な働き方により、家計の所得減少のリスク、離婚のリスクを回避することができる。

WLBの定義は一律のものがないが、厚生労働省によると「働く人が仕事上の責任を果たそうとすると、仕事以外の生活でやりたいことや、やらなければならないことに取り組めなくなるのではなく、両者を実現できる状態のこと」である。

(2) 一億総活躍社会

経済成長の低迷と少子高齢化による人口減少が進む社会に対応するため、2016年6月に安倍内閣のもと閣議決定された「ニッポン一億総活躍プラン」では、老若男女、障害者、難病のある人も家庭で、職場で、地域といったあらゆる場で、誰もが活躍できる全員参加型の社会としている。

その目標には、「戦後最大の名目GDP600兆円」「希望出生率1.8」「介護離職ゼロ」を掲げ、働き方改革による生産性の向上と労働力の確保による「希望を生み出す強い経済」1人でも多くの若者たちの、結婚や出産の希望を叶える「夢をつむぐ子育て支援」介護をしながら仕事を続けることができる、「介護離職ゼロ」を目指す「安心につながる社会保障」の三本の矢とし、実現に向けて取り組むとしている。

【引用・参考文献】

国立社会保障・人口問題研究所「2015年社会保障・人口問題基本調査（結婚と衆参に関する全国調査）　現代日本の結婚と出産　―第15回出生動向基本調査（独身者調査ならびに夫婦調査）報告書―」調査報告研究資料第35号2017年3月31日、PP.13-19

小崎恭弘　西村 智編『ワークライフバランス入門』ミネルヴァ書房、2007年

内閣府編「子供・若者白書 平成29年版」日経印刷、2017年

中町誠　中山慈夫編　ロア・ユナイテッド法律事務所著『雇用機会均等法・育児介護休業法〔第2版〕』（Q＆A労働法実務シリーズ⑦）中央経済社、2013年

首相官邸「ニッポン 一億総活躍プラン」http://www.kantei.go.jp/jp/singi/ichiokusoukatsuyaku/pdf/plan1.pdf（2017.12.10最終アクセス）

総務省統計局「平成27年国勢調査結果」人口速報集計結果p 4、10

総務省統計局「平成27年国勢調査結果」抽出速報集計結果 P.13、PP.17-18　http://www.stat.go.jp/data/kokusei/2015/kekka.htm（2017.12.10最終アクセス）

内閣府「仕事と生活の調和（ワーク・ライフ・バランス）」憲章

http://wwwa.cao.go.jp/wlb/government/20barrier_html/20html/charter.html（2017.12.10最終アクセス）

内閣府「平成29年版高齢社会白書」〈http://www8.cao.go.jp/kourei/whitepaper/w-2017/html/gaiyou/s1_1.html〉（2018.3.）

（高田さやか）

第3章　児童家庭福祉の歴史的変遷

第1節　欧米の児童家庭福祉史——近代まで

　近代における児童家庭福祉政策は、イギリスの「エリザベス救貧法」（1601年）にはじまる。それまでヨーロッパでは、職業別組合（ギルド）や村落共同体内で相互扶助が機能しており、孤児や棄児もこれらのなかで養育されてきた。しかし、封建社会から資本主義社会への移行期にはその機能が低下し、大量の失業者や貧困者が都市に流入していった。結果的に、都市では乞食や浮浪児が増えて治安の悪化や社会不安を招き、世界最初の救貧法である「エリザベス救貧法」が制定されたのである。

　同法は貧民を労働能力の有無で分け、子どもは、働く能力があるとみなされた貧民とともに、就労を強制されるか徒弟奉公に出された。さらに18世紀の産業革命の時代を迎えると救貧は労働力確保の性質を帯び、貧困家庭の子どもを工場で働かせる児童労働がはびこることとなった。

　大規模な施設に収容され（大舎制）、低賃金で働かされる子どもの劣悪な環境が問題視され、これに対しオーウェン（R. Owen 1771～1858）は、紡績工場の経営者でありながら、自らの工場で働く労働者の子ども向けの学校である「性格形成学院」を設立（1816年）した。これは現在の保育所の原型といわれている。その後、1833年の「工場法」（イギリス）によって9歳未満の児童労働が禁止され、教育の機会を与える義務が盛り込まれた。同様の傾向はアメリカでもみられ、西部の開拓などによる男性の労働力不足から、子どもは働き手として広く利用されていた。

　1870年にバーナード（T.J. Barnardo 1845～1905）は、規模の小さい施設

（小舎制）での児童の処遇を提唱し、ロンドンに「バーナードホーム」を設立した。また、孤児の里親委託を普及させていった。アメリカでも1889年にアダムズ（J. Addams 1860~1935）がシカゴに「ハルハウス」を設立し、貧困家庭の子どもに対する保育事業などを行う、ロンドンの「トインビーホール」に起源を持つ「セツルメント運動」を展開するなど、徐々に児童を「権利の主体者」とみなす考えが広がっていった。1900年、スウェーデンのエレン ケイ（Ellen Key 1849~1926）は著書のなかで「20世紀は児童の世紀である」（『児童の世紀』）と説き、子どもの権利が尊重される児童中心主義的な教育を啓蒙していった。

第2節　古代・近代のわが国の児童家庭福祉史
　　　　　──明治時代まで

　わが国における児童家庭福祉の歴史は、飛鳥時代（593〈推古1〉年）に聖徳太子（574 ? ~622）が四天王寺に併設した「四箇院」にさかのぼる。「四箇院」は仏教思想の下に行われた、最古の社会福祉事業である。「四箇院」のうち「悲田院」は孤児や貧窮者の入所施設として、また「施薬院」は薬草の配布、「療病院」は疾病の治療、「敬田院」は宗教的な教化施設としての役割を担っていた。

　「悲田院」はその後、鎌倉時代まで各所に設置されたものの、貧窮家庭の子どもの多くは村落共同体の相互扶助に生活を頼っていた。また室町時代から戦国時代はキリスト教の布教がわが国に及び、宣教師や修道女らによって捨て子や孤児の養育が一部でなされた。

　江戸時代に入ると、繰り返される天災や飢饉のたびに間引きや棄児、子殺し、人身売買などが横行した。幕府はたびたびこれらの禁令を出し、「五人組制度」の下に民衆に連帯責任や相互監視を強いたが、その目的は児童保護というより人口の確保による農業生産性の維持にあった。

　国家的な政策としての児童家庭福祉は、1874（明治7）年の「恤救規則」にはじまる。そこでは13歳以下の貧困児童を救済対象に掲げたもの

の、原則は「人民相互の情誼」によるとして、法の網を扶養者の見込みがない「無告の窮民」へ絞ったため実効性に限界があった。むしろ、明治政府の殖産興業のスローガンの下、多くの子どもが十分な教育を受けられないまま職に就いていた。そのようななか、衛生状態が悪い大規模な工場における劣悪な労働環境が問題視され、「工場法」（日本）が1911（明治44）年に制定、1916（大正5）年に施行されて「12歳未満の者の就業」ならびに「女子と15歳未満の年少者の深夜業」が禁止された。

明治期の貧困児童に対する保護は、宗教団体や民間の篤志家の慈善事業によって、もっぱら推進されていた。代表的なものにキリスト教系の「慈仁堂」（1872〈明治5〉年、横浜）や「浦上養育院」（1874〈明治7〉年、長崎）、仏教系の「福田会育児院」（1879〈明治12〉年、東京）などがある。また、保育事業では赤沢鍾美（1864~1937）によるわが国最初の託児所「新潟静修学校」（1890〈明治23〉年、新潟）や、野口幽香（1866~1950）と森島峰（1868~1936）による「二葉幼稚園」（後の「二葉保育園」1900〈明治33〉年、東京）などが知られている。さらに、石井十次（1865~1914）は「バーナードホーム」の影響を受けて「岡山孤児院」を設立（1887〈明治20〉年、岡山）し、里親委託を進めて「社会的養護」を明治期から実践していた。

石井亮一（1867~1937）も身寄りのない少女を保護する「孤女学院」（1891〈明治24〉年、東京）を運営するなかで、知的障害児に対する教育の必要性を自覚し、知的障害児専門施設としての「滝乃川学園」に発展（1897〈明治30〉年）させた。また、留岡幸助（1864~1934）は非行少年に対する家庭主義的な教護指導を行う「家庭学校」を開設（1899〈明治32〉年、東京）し、これは現在の児童自立支援施設の原型とされている。

第3節 近代・戦前のわが国の児童家庭福祉史
―大正時代から第二次世界大戦期まで

そうした先駆的な事業にもかかわらず、放火など耳目を引く少年犯罪

が社会不安をかきたてて、1900（明治33）年に「感化法」が制定された。同法では8歳以上16歳未満の非行児童の処遇を一般の児童保護から独立させ、公的責任による施設（感化院）保護をはじめて打ち出した。

　大正期の特徴の1つに地方自治体から福祉事業が提起され、それが広く制度化されるという流れがある。例えば、1917（大正6）に岡山県で誕生した「済世顧問制度」と1918（大正7）年に大阪府で発足した「方面委員制度」を基にして、生活困窮者や貧困児童の支援に取り組む目的で方面委員制度が全国へ普及していった。東京府（当時）でも1920（大正9）年に、「児童保護員」制度が生まれている。

　引き続き大正期から第二次世界大戦後までのあいだ、1922（大正11）年に「矯正院法」と「少年法」（現在の少年法の前身）が制定された。ここでは18歳未満の者に対する保護処分や審判手続きを定め、国が矯正院を設置して、16歳を境に分けて教育と職業訓練を図ることとされた。

　さらに、天災・凶作や世界恐慌などによる貧困者の増加に対応するため、「恤救規則」を廃して「救護法」が1929（昭和4）年に制定、1932（昭和7）年に施行された。ここでは「無告の窮民」の要件が緩和され、13歳以下の児童、65歳以上の高齢者、妊産婦、傷病・障害者が保護の範囲に定められたが、働けない者という前提は維持された。

　1937（昭和12）年には「母子保護法」が「救護法」から分離する形で制定され、貧困母子家庭への扶助が行われるようになった。また、1933（昭和8）年には「少年救護法」が「感化法」に代わって制定され、法の対象を「14歳未満の不良行為をなした者、またはそのおそれのある者」として、少年教護院での収容や教護委員の観察による保護を規定した。

　ただし、これらの政策の目的は、富国強兵のスローガンに基づく有為の人材育成という点にあった。すなわち、戦前までの児童家庭福祉は相互扶助を除けば、民間の篤志家や慈善・宗教団体による、孤児院や育児院等の施設に大きく依存していたのである。しかし、戦後は先駆的な民間の事業も被災や疎開による閉園などで十分な機能を果たせなかった。

第4節　戦後のわが国の児童家庭福祉施策
—高度経済成長をまたぎ社会福祉再編期まで

　戦乱や引き揚げに伴う遺児・孤児、困窮家庭からの家出等の、要保護児童への緊急対策として政府は1945（昭和20）年9月に「戦災孤児等保護対策要項」を決定し、1946（昭和21）年の「浮浪児その他児童保護等の応急措置」によって、駅や公園に集まる浮浪児を発見・保護する努力が払われた。これは児童保護とともに、治安対策の側面を持っていた。
　また、民間の取り組みとしては糸賀一雄（1914~1968）らによる、知的障害児施設の草分けである「近江学園」（1946〈昭和21〉年、滋賀）や、沢田美喜（1901~1980）による、混血孤児のための「エリザベス・サンダース・ホーム」（1948〈昭和23〉年、神奈川）の創設などが挙げられる。
　さらに、18歳未満の全児童の健全な育成に関わる理念を盛り込んだ「児童福祉法」が1947（昭和22）年に制定、翌年に施行された。成立時は児童福祉施設として助産施設、乳児院、母子寮、保育所、児童厚生施設、養護施設、精神薄弱児施設、療育施設および教護院の9種類が定められ、さらに児童福祉司と児童相談所を各都道府県に置くことが規定された。そして「児童福祉法」の理念を普及させ、社会全体で子どもの権利を守る機運を高めるため、1951（昭和26）年に「児童憲章」が制定された。
　都市部の孤児・浮浪児対策を主眼にした応急措置がおおむね所期の目的を達成し、その後1956（昭和31）年の経済白書に「もはや『戦後』ではない」の副題が付けられ、わが国は「高度経済成長」（1954〈昭和29〉~1973〈昭和48〉年）の道を歩んでいった。
　しかし、工業地帯への人口集中と核家族化、農村での出稼ぎによる過疎や家庭問題、女性の社会進出による共稼ぎ世帯の増加などが、児童の養育力低下や虐待の発生につながるようになった。
　加えて、都市部の被雇用者を中心とした保育需要の高まりや、高齢化社会の到来などといった時代的背景から政府は1973（昭和48）年を「福

祉元年」に位置付け、経済の成長に後れを取っていた福祉の重視へ政策を転換させようとした。しかし、同年の第一次オイルショックによる経常収支の悪化から、福祉は財政的な重荷とみなされてその方針は一定しなかった。それでも、「国際児童年」(1979〈昭和54〉年)や「国際障害者年」(1981〈昭和56〉年)をきっかけに、施設保護から地域や在宅での生活支援をめざして、社会福祉の再編が進められていった。

　その後、わが国は「バブル景気」(1986〈昭和61〉～1991〈平成3〉年)を経験し、景気の過熱とその冷え込みのなかで「年少人口」(15歳未満)割合の低下が問題視されるようになった。1989(平成1)年に国際連合が採択した「児童の権利に関する条約」を、わが国は1994(平成6)年に批准し、子どもを幅広い「権利の主体者」として捉えるようになった一方で子ども自体の減少には歯止めがかからず、1989(平成1)年に「合計特殊出生率」(女性1人が生涯に産む子供の平均数)がそれまでの最低値だった丙午(ひのえうま、1966〈昭和41〉年)の1.58を割り込む「1.57ショック」を迎え、少子化への対策が急務となった。

第5節　現代の児童家庭福祉施策—少子化社会

　少子化に対応するため、政府は「今後の子育て支援のための施策の基本的方向性について(エンゼルプラン)」(1994〈平成6〉年)を定め、この実現のため保育所の量的拡大、低年齢児(0～2歳児)保育や延長保育などの充実、地域子育て支援センターの整備等を図る「緊急保育対策等5か年事業」を策定した。1999(平成11)年には「エンゼルプラン」と「緊急保育対策等5か年事業」を見直して「新エンゼルプラン」に引き継ぎ、母子保健・相談、教育等の幅広い事業を進めていった。

　しかし少子化がなお進むため、政府は「少子化対策プラスワン」を打ち出し、2003(平成15)年にそれを踏まえて「次世代育成支援に関する当面の取組方針」を決定した。これにより、仕事と家庭の両立を支援する

ための雇用環境の整備等を定めた「次世代育成支援対策推進法」や、少子化社会において講ぜられる施策の基本理念を明らかにする「少子化社会対策基本法」（ともに2003〈平成15〉年）などの立法措置が講じられた。

さらに2004（平成16）年、「少子化社会対策大綱」が閣議決定された。その具体的な施策内容を示す「子ども・子育て応援プラン」が同年12月に策定され、男性を含めた「働き方」改革の必要性が提起された。

2010（平成22）年1月には、「少子化社会対策基本法」に基づく新たな大綱として、同年4月からの「子ども手当」の導入や高校教育の実質無償化等を含めた「子ども・子育てビジョン」が閣議決定された。ここでは「子どもが主人公（チルドレン・ファースト）」を掲げ、従来の「少子化対策」から「子ども・子育て支援」への転換が打ち出された。

そして2015（平成27）年3月には、従来なかった結婚への支援を加え、子育て支援策の一層の充実、若い年齢での結婚・出産の希望の実現、多子世帯への配慮、男女の働き方改革、地域の実情に即した取組強化の5つの重点課題を設けた「新たな少子化社会対策大綱」が策定されている。

第6節　現代の児童家庭福祉施策―要保護児童

一方、児童虐待や配偶者暴力といった社会問題の面から、「要保護児童」に対する福祉の推進も引き続き大きなテーマであった。そこで、1997（平成9）年に「児童福祉法」がはじめて本格的に改正され、入所型施設では養護施設と虚弱児施設を「児童養護施設」へ統合し、教護院は「児童自立支援施設」に、母子寮は「母子生活支援施設」に改めるなど、自立支援を基調として施設機能が見直された。

2000（平成12）年には「児童虐待の防止等に関する法律（児童虐待防止法）」が成立し、その後の改正や、2004（平成16）年の児童福祉法の改正、2011（平成23）年の民法の改正などを経て、虐待の早期発見と予防、保護者への指導、児童相談所の体制拡充や児童福祉施設の長等の権限強

化、親権の制限・停止と法人による後見制度などが順次講じられた。

　2016（平成28）年には「児童福祉法の一部を改正する法律」が制定、翌年にかけて施行された。その内容としては、「児童の権利に関する条約」（1994（平成6）年）に沿って「全ての児童が健全に育成されるよう…児童福祉法の理念を明確化」するべく、市町村における「子育て世代包括支援センター（母子健康包括支援センター）」の設置、児童虐待への迅速・的確な初期対応を図る「市町村及び児童相談所の体制強化」「里親委託の推進」などが挙げられている。

第7節　児童家庭福祉の発展──選別と普遍

　わが国の児童家庭福祉は第二次世界大戦後、もっぱら法律や制度を中心とした政策のレベルで推移していき、それ以前の宗教団体や民間の篤志家による創造的な活動の規模は小さくなっていった。児童が「権利の主体者」として社会からあまねく尊重されることは、相対的に小規模な取り組みが独自性を失うことと引き換えでもあった。すなわち、20世紀の児童家庭福祉の流れは選別的な対応と、すべての子どもの健全育成を目指す普遍的な展開との均衡を図る過程だったといえよう。

　それでも、本章で一部を取り上げた多くの先駆者の実践がなければ、21世紀の児童家庭福祉は存在し得なかった。これからの時代の担い手を育てつつ、未来を望ましい姿に改めていくためにも、多くの若者に児童家庭福祉の発展の歴史や理念、現行の制度について学んでもらいたい。

【引用・参考文献】

菊池正治・清水教惠・田中和男・永岡正己・室田保夫 編著『日本社会福祉の歴史─制度・実践・思想〔改訂版〕』（MINERVA福祉専門職セミナー7）ミネルヴァ書房、2014年

　　　　　　　　　　　　　　　　　　　　　　　（大西次郎）

第4章　子どもの権利と権利保障

第1節　人権と子どもの権利

1　人権と権利の違い

　この章では、子どもの権利と権利保障を見ていくことにするが、その前に、人権と権利についておさえておく。

　人権とは、老若男女、国籍、社会的地位等の一切に関わらず、人間であるなら平等に持っている権利のことである。

　それに対し、権利というのは、年齢、性別、国籍等により、異なるものである。言い方を変えれば、ある人には認められていて、ある人には認められないという性質を有するものである。

2　基本的人権

　基本的人権は自由権、受益権・社会権、参政権、幸福追求権、平等権などがある。わが国の場合、これらの権利は、国家と国民の関係を規定する日本国憲法において、「国民は、すべての基本的人権の享有を妨げられない。この憲法が国民に保障する基本的人権は、侵すことのできない永久の権利として、現在及び将来の国民に与へられる」（11条）としている。だだし、この基本的人権は、「公共の福祉に反しない限り」（12条・13条）その権利が認められる。当然、基本人権は、子どもにも有するものである。しかし、基本的人権は、公共の福祉に反しない限り、そ

の権利が認められていく。

　一方、私人間の人権や権利の規定、権利の主張がぶつかり合ったときの解決方法は、民法をはじめとした、各種法律で規定されている。

3　子どもの権利の捉え方

　子どもも人間である以上、基本人権は有している。しかし、先ほども述べたが、権利というのは万人平等に与えられるというものではない。ということは、子どもには認められない権利や、子どもだからこそ認められる権利もある。つまり、その時代、その国、その地域の、子どもはどのような存在なのかという価値観が影響することになる。

第2節　子どもの権利の歴史

1　世界の動向

　19世紀末、子どもたちは、産業革命の弊害ともいえる児童労働に苦しめられていた。そのような社会状況のなか、スウェーデンの女性思想家エレン・ケイ（Ellen Key 1849〜1926）は、『児童の世紀』を著し、来る20世紀は子どもにとって幸福な時代にしようと、さまざまな角度から提言を行った。それ以降、欧米で子どもの権利に関する意識が芽生え始めた。しかし、歴史の事実は第一次世界大戦へと突き進み、子どもたちの権利は戦争により迫害されていった。

　第一次大戦後、戦争への反省の1つとして、子どもの権利の獲得へ向けた動きが起きた。1922年には、イギリス児童救済基金団体が「世界児童憲章」を発表した。国際社会も、第一次大戦後に発足された国際連盟において、1924年「児童の権利に関する宣言」（ジュネーブ宣言）を採択した。しかし、またしても、歴史は第二次世界大戦へと突き進み、子ど

もの人権や権利は、戦争により迫害されていった。

2　児童の権利に関する条約の制定へ

2度の世界大戦を引き起こしてしまった人類は、その反省を行い、国際連合を発足させた。国際連合は、1948年の第3回総会で「世界人権宣言」を採択し、1959年の第14回総会で「児童の権利宣言」を採択した。児童の権利宣言は、ジュネーブ宣言を引き継ぐ世界宣言である。再度、児童の「世界宣言」を採択したわけであるが、宣言それ自体に実効性があるわけでもなかった。さらに世界の現状は、引き続き、戦争、貧困や先進国と途上国の格差等で、子どもたちの幸せな状況は達成できずにいた。

そのような現状のなか、国際連合は、児童の権利宣言採択後20周年にあたる1979年を、国際児童年と制定した。この国際児童年に、児童の権利宣言を、より実効性のあるものにしなければならないという機運が高まり、1989年（平成元年）の第44回国連総会で「児童の権利に関する条約」を採択した。そして日本は、1994年に、世界で158番目に批准した。

3　日本の動向

詳細は他に譲るが、現在の日本の児童家庭福祉の基盤は、第二次世界大戦以降につくられていった。子どもの権利に関する動きとして、1947年（昭和22年）に児童福祉法を制定した。その後、1951年（昭和26）5月5日に、児童憲章が制定された。

第3節　児童の権利に関する条約と児童福祉法

1　児童の権利に関する条約について

児童の権利に関する条約は、4つの権利の柱から成り立っている。1つ目に、健康に生まれ、安全な水や十分な栄養を得ることができ健やか

に成長する、「生きる権利」。2つ目に、あらゆる種類の差別や虐待、搾取、また、紛争下の子ども、障害をもつ子ども、少数民族の子どもなど、あらゆる側面からの保護である、「守られる権利」。3つ目に、教育を受ける権利や休んだり遊んだりすること。さまざまな情報を得て、自分の考えや信じることが守られるという、「育つ権利」。最後に、自分に関係のある事柄について、家族や地域社会の一員としてルールを守って行動しながら、自由に意見を表したり、集まってグループを作ったり、活動することができる、「参加する権利」の4つである。

2　審査機関の設置

児童の権利に関する条約は、条約がしっかりと実行されているかを審査する機関として、国際連合に「子どもの権利委員会」を設置している。締約国は、条約に沿って国内の状況がどのようになっているかを、初回は締約後2年以内、それ以降は5年ごとに報告しなくてはならない。子どもの権利員会は、その報告を審査し、次回の報告までに、改善すべき点の提案や勧告ができるようになっている。

3　児童福祉法の理念

児童福祉法は制定後何度も改正を繰り返しているが、2016年（平成28年）に、第1条が「全て児童は、児童の権利に関する条約の精神にのつとり、適切に養育されること、その生活を保障されること、愛され、保護されること、その心身の健やかな成長及び発達並びにその自立が図られることその他の福祉を等しく保障される権利を有する。」と改定された。法の制定以来、初めて理念規定が見直され、児童の権利条約の精神を児童福祉法の理念にした。

第4節　児童福祉施設と子どもの権利

1　保育所での子どもの権利

2018年に保育所保育指針が改定された、そのなかの第1章総則には「保育所は児童福祉法（昭和22年法律第164号）第39条の規定に基づき、保育を必要とする子どもの保育を行い、その健全な心身の発達を図ることを目的とする児童福祉施設であり、入所する子どもの最善の利益を考慮し、その福祉を積極的に増進することに最もふさわしい生活の場でなければならない。」と定められている。

2　社会的養護と子どもの権利

「子どもの権利ノート」は、社会的養護の下で暮らす子どもたちの、人権や権利が記載されており、児童福祉施設への措置児童や里親委託の子どもたちに配布されている。このノート（冊子）は、1995年に大阪府が作成して以降、多くの自治体が権利ノートを作成し、配布を行うようになった。

社会的養護の各種施設は、質の高いサービスの向上と権利侵害の予防という観点から、3年に1回以上「第三者評価」を受け、結果を公表することが義務付けられている。

第5節　子どもの権利で大切なこと

1　子どもの最善の利益

児童の権利に関する条約第3条には「児童に関するすべての措置をと

るに当たっては、公的若しくは私的な社会福祉施設、裁判所、行政当局又は立法機関のいずれによって行われるものであっても、児童の最善の利益が主として考慮されるものとする。」とうたわれている。第3条以外にも、第9条「父母からの分離についての手続き及び児童が父母との接触を維持する権利」、第18条「児童の養育及び発達についての父母の責任と国の援助」、第20条「家庭環境を奪われた児童等に対する保護及び援助」、第21条「養子縁組に際しての保護」、第37条「拷問等の禁止、自由を奪われた児童の扱い」、第40条「刑法を犯したと申し立てられた児童等の保護」にも、児童の最善の利益という言葉が謳われている。

近年は、児童の家庭福祉の分野や、子どもに関するさまざまな分野で、子どものことを最優先に考えていこうという意味で、「子どもの利益の最優先」という考え方が広く定着している。

2 受動的権利と能動的権利

従来、子どもの権利は、子どもの発達や環境などの特性を鑑み、保護者や周りの大人が、子どもに代わってさまざまなことを決定していくことが当たり前とされてきた。しかし、児童の権利に関する条約では、より積極的に、ひとりの人格を持った人間として権利を行使していこうとする考え方が、条約の思想として貫かれている。

しかし、幼い子どもほど、将来を見据え、リスクを考慮に入れながら、さまざまな決定ができるかというと、難しい側面もある。一方で、子どものため、しつけのためといい虐待をする保護者もいる。

保護者をはじめとした周りの大人たちの責任と、子ども自身の権利行使とのバランスが求められる。

3 育つこと、守られること

人間ほど、長い時間をかけ、大人による養育を必要する動物は、他に類をみないであろう。それは、人間という動物の、身体的や社会的特徴

がそうさせている。だとするならば、必要な時期まで、必要な時間、必要なかたちで、子どもは育てられ、守られることが求められる。子ども側からみれば、これは権利である。

4　意見表明権

能動的権利を保障することは、子どもに自分がどうしたいのかという意思表示を保障することが重要となってくる。大人たちは、子どもの発達を考慮しながら、子どもたちの意見を尊重する姿勢が大切である。社会は、子どもたちの意思表示がし易くなる環境や尊重する環境を作り上げることが重要になる。

5　社会の状況と子どもの権利

社会構造の複雑化、家族構造や人々の意識の変化は、子どもの育ちの環境を大きく変化させている。

虐待、いじめ、不登校をはじめ、放課後に誰もいない自宅に帰る子ども、食事を一人で食べる子こども、子どもの貧困。これらは、子どもの人権や権利が侵害されている一例に過ぎない。しかし、これらの状況が単独で起こることはなく、それぞれの状況が複雑に絡み合い、複合的に表れているのが現代社会である。時代の変化に伴い、今までには思いもよらない形で子どもの権利が侵害されることもある。しかし、新たな子どもの権利の形が芽生えてくる可能性もある。

6　救済制度と子ども条例

子どもの権利が侵害されたとき、どのように守り、救済していくのか。その責任を負うのは保護者であるかもしれない。しかし、保護者が虐待をしていた場合はどうするのか、地域社会や国が、子どもたちの権利救済をしていくしかない。

国際レベルでは、先に述べた、子どもの権利委員会が、その機能を果

たしている。国内では、「子どもオンブズマン」という制度をもち、子どもの権利救済をしている自治体もある。また、子どもの権利に関する事項を包括的に規定した、「子ども条例」を制定している自治体も増加している。

【引用・参考文献】

倉石哲也・伊藤嘉余子監修、伊藤嘉余子・澁谷昌史編著『子ども家庭福祉』(MINERUVAはじめて学ぶ子どもの福祉) ミネルヴァ書房、2017年

児童育成協会監修、新保幸男・小林理編集『児童家庭福祉』(基本保育シリーズ③) 中央法規、2016年

星野政明・石村由利子・伊藤利明編『子どもの福祉と子育て家庭支援〔全訂〕』みらい、2015年

松本園子・堀口美智子・森和子『子どもと家庭の福祉を学ぶ』ななみ書房、2013年

山縣文治編『よくわかる子ども家庭福祉〔第9版〕』(やわらかアカデミズム・わかるシリーズ) ミネルヴァ書房、2014年

(橋本好広)

第5章　児童家庭福祉の法体系

第1節　児童福祉法

1　児童福祉法の目的

　1947年新しい日本国憲法の下で成立した児童福祉法は、要保護児童だけでなくすべての児童を対象にし、すべての児童の人権が守られる総合的な法律となった。2017年、法の理念の明確化のための改正が行われた。
　第1条　全て児童は、児童の権利に関する条約の精神にのつとり、適切に養育されること、その生活を保障されること、愛され、保護されること、その心身の健やかな成長及び発達並びにその自立が図られることその他の福祉を等しく保障される権利を有する。
　第2条　全て国民は、児童が良好な環境において生まれ、かつ、社会のあらゆる分野において、児童の年齢及び発達の程度に応じて、その意見が尊重され、その最善の利益が優先して考慮され、心身ともに健やかに育成されるよう努めなければならない。

2　児童福祉法の機関と人材

　国では「社会保障審議会」において児童福祉についても審議されるが、都道府県は「児童福祉審議会」を設置することとなっており市町村も児童福祉審議会を設置できる。
　「実施機関」について市町村の責務、都道府県の責務、「児童相談所」の設置、「保健所」の児童の健康に関する業務、児童相談所における

「児童福祉司」の任用とその業務、「児童委員・主任児童委員」について厚生労働大臣の指名とその職務、児童福祉施設等において働く「保育士」の資格と登録制度（注：2001年法改正による）について定めた。

3 児童福祉法の内容

児童福祉法第2章「福祉の保障」では、療育の指導、居宅生活の支援、および助産施設・母子生活支援施設への入所、保育所への入所、障害児施設への入所給付費や障害児相談支援給付費等の支給、要保護児童の保護措置、被保護児童の虐待の防止などを定めている。

第4章「費用」では、児童福祉の費用は、保護者の応能負担および国、都道府県、市町村の支弁によってまかなわれることを定めている。保育所保育料の応能負担は、預けることで収入を増やせれば家庭の安定だけでなく、国と自治体の税収も増やせる長期的な視点に立っていることが注目される。

第2節 子どもに関する社会手当法
（本文の手当の金額は2017年4月現在です）

1 児童手当法 （1971年制定）

児童手当法は、手当の支給が「家庭における生活の安定、次代の社会をになう児童の健全育成および脂質の向上に資す」ことを目的に制定され、受給者に「この目的の趣旨に従って用いる」ことを求めている。

手当額 0～2歳 月15,000円、中学卒業まで 月10,000円
（小学卒業までの第三子以降 月15,000円）

子育て中の家庭は、家庭を形成する途中であり、収入に余裕がない世帯が多いため児童手当は少額であるが、子育て家庭の家計を助けるものとなっており、所得制限がある。

2 児童扶養手当法 （1961年制定）

　主に離別母子・父子を対象とする手当の対象世帯は近年増加し、母親、父親の就労収入で不足する生活費を支えるものになっている。父子世帯は2010年8月分から支給対象となった。

　手当の額は2002年の法改正で「給付水準方式」となった（注：前年の所得と手当を合わせて傾斜のある給付水準としたもの）。手当額は子ども1人の場合は月9,980円から42,290円で、給付水準で異なる第二子以降には加算がある。2人目10,000円、3人目から6,000円。前年度の年間所得365万円以内の所得制限がある（養育費も含める）。

　児童扶養手当は児童が18歳の年度末（通常の場合の高校卒業）まで支給される。2013年現在、全国の児童扶養手当受給世帯は1,087,9317世帯である。

3 特別児童扶養手当等の支給に関する法律（1964年制定）

　障害児を養育する家庭に特別児童扶養手当、重度児童に障害児福祉手当、重度者に特別障害者手当が支給されている。障害児を育てる家庭の、経済的ハンディと介助等の諸経費の出費を補うもので、手当額は重度障害児月50,450円、中度障害児月34,270円。さらに重度の障害により常時介護を必要とする児童には、プラスして「障害児福祉手当」月14,550円が支給される。支給は20歳になるまでで、20歳からは国民年金の「障害基礎年金」、障害児福祉手当は「特別障害者手当」に変わる。20歳で改めて手続きが必要である。

第3節　母と子の健康と保健に関する法律とひとり親家庭支援の法律

1 母子保健法 （1965年制定）

　母子保健法は、法の原理を、「母性は、すべての児童がすこやかに生まれ、かつ育てられる基盤であることにかんがみ、尊重され、かつ、保

護されなければならない」こととし、保護者の努力義務および国、自治体の努力義務を定めている。

母子保健の向上のため市町村は、知識の普及、妊産婦・乳幼児の保護者への保健指導、新生児の訪問指導、乳幼児の健康診査、妊産婦・乳幼児が必要な栄養摂取に関する援助を行う。妊娠の届け出と母子健康手帳の交付、低体重児の届け出、保健師等の未熟児の訪問指導と養育医療を行う。1994年制定の地域保健法により、各都道府県・政令市・特別区に「保健所」、各市町村にこれらの保健活動の拠点となる「市町村保健センター」が設置されている。市町村は母子保健施設（母子保健センター）を設置することができること、新生児については保健師等による全数訪問が定められている。

2 母子及び父子並びに寡婦福祉法（1964年制定、2014年改定）

近年18歳未満の児童総数の1割強が母子・父子家庭で育っている。この法律の対象は母子家庭および父子家庭（ひとり親世帯）と寡婦である。「寡婦」はかつて児童を扶養したことのある配偶者のない女子を言う。

同法による福祉の措置として、都道府県において母子・父子・寡婦福祉資金の貸付、都道府県および市町村において家庭生活支援員派遣等の日常生活支援事業、公共施設における売店等設置機会の確保、公共住宅への入居、保育所への入所の優先、講習会や就業相談などによる雇用促進および母子・父子・寡婦就業支度事業、交流やリフレッシュのために母子福祉センターや母子休養ホームなど福祉施設の設置を求めている。

第4節 女性と福祉に関する法律

1 配偶者からの暴力の防止及び被害者の保護に関する法律
（DV防止法、ドメスティックバイオレンス防止法）（2001年制定）

配偶者・恋人からの暴力についてその防止と被害者の保護のために成

立した法律。配偶者暴力相談支援センターが婦人相談所等各地につくられて相談に当たっている。

配偶者からの暴力は、婚姻関係と同様の事情にある恋人および離婚または婚姻が取り消された場合を含む。

これらに対して国、都道府県は「基本計画」を策定し、都道府県は婦人相談所等に置いて「配偶者暴力相談支援センター」を設置し、婦人相談員が被害者の相談、指導にあたる。暴力の発見者はセンターまたは警察官に通報し、警察官は被害の防止の措置を講ずるとともに福祉事務所の自立支援の措置につなげる。

危害を受けるおそれのあるときは被害者の申立てにより裁判所が被害者の「保護命令」を発することができる。保護命令の対象範囲の拡大等改正法が2004年から施行された。

2　売春防止法　（1956年制定）

弱い立場の女性が人としての尊厳を害し犯罪等に巻き込まれないために、戦前戦後の廃娼運動などの歴史の中で作られた法律であり、売買春をはっきりと禁止し、現代の性暴力の抑止力となっている。

売春防止法は、「何人も、売春をし又はその相手方となってはならない」と売買春を禁止している。同法が刑事処分の対象としているのは、

1　売春勧誘　2　売春の周旋　3　売春をさせる契約　4　売春をさせる業（「管理売春」は、これに含まれる）。などの売春を「助長」する行為である。売春行為自体は刑事処分の対象としていない。

同時に、女性の補導処分を定め、厚生行政において各都道府県が「婦人相談所」を設置し「婦人相談員」を置き、「婦人保護施設」を設置する（注：婦人保護施設は現在全国で52ヵ所）ことを定めて、弱い立場の女性の相談と保護、一時保護を実施している。

第5節 児童虐待および少年非行を防ぐための法律

1 児童虐待の防止等に関する法律(児童虐待防止法)(2000年制定)

児童虐待防止法は、1990年代後半から非正規雇用の増加と平行して児童虐待が増加し、児童相談所への通報があったにもかかわらず死亡にいたる事件が相次ぐので、虐待の禁止、防止、児童の安全確保のためにつくられた法律である。背景として、社会的に弱い立場におかれた親がストレスの発散のためより弱い妻や子どもに暴力を振るう構図がある。

児童虐待を禁止するとともに、国と自治体が予防、早期発見、児童の保護を行うことを責務とし、虐待発見者の通告、市町村、福祉事務所、児童相談所の敏速な児童の保護等の対応、児童の安全確保のための警察への援助要請について定め、虐待した保護者への指導および保護者の面会等が制限できることとし、児童支援を求めている。

児童相談所は、通報のあった児童虐待の現場に立ち入り調査し、児童を一時保護することができる。

2 児童買春、児童ポルノに係る行為等の処罰及び児童の保護等に関する法律(児童買春、児童ポルノ禁止法)(1999年制定)

児童買春、児童ポルノ禁止法は、児童買春、斡旋、勧誘、人身売買、児童ポルノの提供等の行為をした者(海外からの輸入、情報機器による場合を含む)を処罰するとともに、それらによって有害な影響を受けた児童を保護する。本法の対象児童は18歳未満で、行為者は年齢を知らない場合も処罰を免れない。

1990年代の一時期、中・高校生の一部に援助交際が広がったことからそれらの行為者を処罰するとともに児童を保護するために制定された法律である。その後も「出会い系サイト」や「性の商品化」により、児童買春など本法に抵触する事件が相次いでいる。

3　少年法　(1948年制定)

　少年法は非行のある少年の処分と更生、司法的機能と教育的機能を併せ持つ法律である。「少年」とは20歳未満の者を言い「少女」を含む。
　少年の保護事件については全てにおいて家庭裁判所の「少年審判」に付す。調査、観察には警察官、保護観察官、保護司、児童福祉司、民生児童委員、その他から援助、協力を求めることができる。
　家庭裁判所が行う「少年審判」による保護処分には、①再度検察官へ送致（注：「逆送」と言う）、②保護観察の決定、③少年院送致、④児童自立支援施設送致、⑤不処分の決定、⑥審理不開始、がある。なお、少年の刑事事件については刑を科す際に無期刑、不定期刑等一般の刑事事件と異なる措置を定めている。
　なお、少年事件は長くわが国の刑法犯の半数近くを占めてきたが、2000年代後半から子どもの貧困対策、学習支援等により、少年事件は急速に減少してきている。

第6節　少子化対策、子育て支援に関する法律

1　次世代育成支援対策推進法　(2003年制定)

　1999年国は「少子化対策基本方針」および新エンゼルプランを策定し、2003年には「次世代育成支援対策推進法」および「少子化対策基本法」を制定し、国・地方公共団体・事業主・国民の責務と前3者の子育て支援計画の策定を義務づけた。
　父母その他の保護者が子育ての第一義的責任を持つとした上うえで、国、自治体、事業主、国民の責務が述べられている。国は「行動計画策定指針」を定め、市町村、都道府県は「市町村行動計画」「都道府県行動計画」を策定しなければならない。都道府県は5年ごとに計画を見直す。100名を超える職場の一般事業主も「行動計画」を作成する。

2 少子化社会対策基本法 （2003年制定）

　少子化対策基本法は、2003年次世代育成支援対策推進法成立に続けて成立した法で、施策として、雇用環境の整備、保育サービスの充実、地域における子育て支援体制の整備、母子保健医療体制の充実、ゆとりのある教育の推進生活環境の整備、経済的負担の軽減　の措置を講じることが必要としている。

3 子ども・子育て支援法 （2012年制定）

　ねらいの1つ目は、幼稚園・保育所・認定こども園は従前異なった公的支援を受けてきたが、共通する施設型給付・委託費(「公定価格」)とするとともに、市町村が認可する小規模の保育を地域型保育として、待機児童の解消を図る。2つ目は、2006年制定の「認定こども園」を、学校および児童福祉施設としての法的位置づけを持つ単一の「幼保連携型こども園」として施設型給付を行うこととし、女性の就労率の増加の中で午後も幼児を預けられる認定こども園の普及を図る。

　3つ目は、すでに各市町村で子育て支援事業が定着してきた中で、市町村は子ども・子育て家庭等を対象とする事業として、市町村子ども・子育て支援事業計画を策定し、妊婦健康診査、乳児家庭全戸訪問、養育支援訪問、子育て短期支援、ファミリーサポート、一時預かり、延長保育、病児保育、放課後児童クラブ等の各事業を推進し、国と都道府県は、それらの事業の実施に必要な費用を交付金を支給することができることとした。

【引用・参考文献】
保育福祉小六法編集委員会編『保育福祉小六法』みらい、2017年

（宮武正明）

第6章 児童家庭福祉の行財政と実施体系

第1節 児童家庭福祉の行政

1 国および地方公共団体

(1) 国・厚生労働省

　児童福祉法第2条第3項では、「国及び地方公共団体は、児童の保護者とともに、児童を心身ともに健やかに育成する責任を負う」と定めている。このことから、国は、児童家庭に関する福祉行政全般についての政策立案、企画調整、指導監査、予算措置等などの機能を担っており、このための省庁として厚生労働省を設置している。

　厚生労働省で児童家庭福祉に関する福祉を担当している部局は「雇用均等・児童家庭局」である。ここでは、児童虐待対策、保育や子育て支援施策、保護者支援に関する施策、乳児院や児童養護施設、里親制度などの社会的養護に関する施策、妊産婦や児童の健康づくりに関する施策、障害児の療育に関する施策など、多岐に渡った事務が行われている。

(2) 都道府県

　都道府県は、市町村を包括する地方公共団体として、広域にわたるもの、市町村への連絡調整に関するものなどを処理しているが、児童家庭福祉関係では、都道府県内の予算措置に関すること、児童福祉施設の認可ならびに指導監督、児童相談所や福祉事務所、保健所の設置運営、児童や妊産婦の福祉に関する市町村の業務に関する連絡調整、市町村に対する情報提供や必要な援助などを行っている。このように都道府県では、

市町村が行う事務に関して専門性の高い対応や、広域的な見地からの実情の把握を行っている。

また、指定都市（人口50万人以上の政令で指定された市）は、都道府県とほぼ同じ権限の事務機能をもっている。

(3) 市町村

市町村は、住民に密着した事務を行っているが、児童家庭福祉関係では、保育所などの児童福祉施設の設置および保育の実施、1歳6カ月児健康診査、3歳児健康診査、必要な実情の把握と情報提供、相談援助業務などを行っている。特に、2003（平成15）年の児童福祉法改正により、市町村において子育て支援事業が市町村の事務として法定化されたとともに2004（平成16）年12月の児童福祉法改正により、児童・家庭に関する相談の一義的な窓口として位置づけられるなど、市町村の役割が重視されている。

2 実施機関・審議会等

(1) 児童相談所

児童相談所は、児童福祉法に基づいて設置される行政機関で、都道府県および指定都市に設置が義務づけられており、2016（平成28）年4月現在、全国に209か所が設置されている。なお、中核市（人口30万人以上の政令で指定された市）も児童相談所を設置することができる。

児童相談所の主な業務は、①市町村に対して、広域的な連絡調整、情報提供その他必要な支援を行うこと、②児童に関する家庭その他からの相談のうち、専門的な知識・技術を要する相談に応じること、③児童や家庭について必要な調査を行い、医学・心理学・教育学・社会学・精神保健の立場から必要な判定を行うこと、④調査・判定に基づき必要な指導を行うこと、⑤一時保護を行うこと、⑥施設入所——などであり、これらの業務を行うため、児童相談所には所長のほか、医師、児童福祉司、児童心理司、心理療法担当職員、保育士などが置かれている。

(2) 福祉事務所（家庭児童相談室）

福祉事務所とは、社会福祉法に規定される「福祉に関する事務所」のことをいう。都道府県、市および特別区に設置が義務づけられており、2016（平成28）年4月現在、全国に1,247か所が設置されている。なお、町村は任意設置となっている。

福祉事務所には所長のほか、指導監督を行う査察指導員、現業を行う現業員、老人福祉指導主事、身体障害者福祉司、知的障害者福祉司などが配置されている。これら職員のうち、査察指導員と現業員は社会福祉主事でなければならないと社会福祉法に定められている。

福祉事務所は福祉六法を担当する総合的な行政機関として重要な役割を果たしているが、児童家庭福祉に関する相談援助機能を充実させるために家庭児童相談室を設置することができるとされており、家庭児童相談室には、社会福祉主事と家庭相談員がおかれている。児童相談所との関係は、児童相談所が高度な専門性を背景とする調査や判定の業務を担うのに対して、家庭児童相談室は、児童家庭福祉に関する各種相談の窓口としての役割を担っており、高度な専門性を必要とする重篤な事例を扱う児童相談所に対して、比較的軽易な事例を扱うものである。

(3) 保健所・市町村保健センター

保健所は、地域住民の健康の保持・増進を図る機関として、地域保健法に規定する衛生知識の向上、栄養改善、母子保健、精神保健などの事業を実施している。児童家庭福祉の分野では、母子保健に関する事業を実施しており、具体的には、衛生知識の普及に関する事業、妊娠届出の受付と母子健康手帳の交付、児童や妊産婦の健康相談・健康診査の実施、訪問指導、障害を有するなど療養を要する児童に関する療育相談などが行われている。

保健所は、都道府県と指定都市、中核市、その他政令で定められた市および特別区に設置が義務づけられており、2016（平成28）年4月現在、全国に480か所が設置されている。なお、健康相談、健康診査、保健指

導など実施することを目的に、市町村は市町村保健センターを設置することができる。

(4) 児童福祉審議会

児童福祉法第8条より、都道府県と指定都市には、児童福祉審議会その他の合議制の機関を設置することが義務づけられており、市町村には、児童福祉審議会その他の合議制の機関を設置することができるとされている。

児童福祉審議会では、児童家庭福祉や母子保健に関する基本的事項に関する調査や児童相談所の措置、里親認定、虐待を受けて保護された児童についてについて調査し、その意見を都道府県等に述べることである。

なお、国には社会保障審議会が設置されており、そこでは、社会保障制度に関する事項の調査および審議が行われている。

(5) 要保護児童対策地域協議会

要保護児童対策地域協議会は、要保護児童の適切な保護または要支援児童への適切な支援を図るため、関係機関、関係団体および児童福祉に関連する職務に従事する者などによって構成される機関で、地方公共団体に設置の努力義務が課せられている。

地域協議会を設置した地方公共団体は、要保護児童対策地域協議会を構成する関係機関の中から要保護児童対策調整機関を指定し、この機関が中心となって要保護児童に対する支援の状況把握、関係機関との連絡調整を行うこととされている。

要保護児童対策地域協議会は、市町村において児童、家庭、地域などからの相談に応じ、虐待を受けた児童や非行傾向にある児童、障害を有する児童、不登校の児童などの保護を必要とする児童を早期に発見して必要な援助を行うこと、市町村、児童相談所、保育所、警察などの関係機関と連携を行うことが想定されている。

第2節 児童家庭福祉の財政

本節では、児童家庭福祉施策を支える財政について、その財源や国庫補助金の概要について述べる。

1 財源

児童家庭福祉に関する施策を実施するための財源は、公費またはこれに準ずる公的資金と民間資金に分けられる。公費は、公的責任で進めるものとされている児童家庭福祉の事業および国や地方公共団体が児童家庭福祉の推進のために行う事業のために使われる。また、児童福祉法では、施策の内容等に応じ、国、都道府県、市町村の負担割合を定めている。

国費の支出は、地方交付税交付金（児童相談所等の運営に要する費用など）と国庫補助金（国が指定する事業を進めるために、国から地方自治体に交付される補助金）等に分けられ、これらの福祉に関する国庫補助金の交付などに関する業務は、厚生労働省の出先機関である地方厚生局に委任されている。

また、都道府県および市町村が支出する財源は、地方税および地方債から賄われる。

2 国庫補助金等

主な、児童家庭福祉に係る国庫補助金等として、以下のようなものがある。

(1) 児童福祉事業対策費等補助金

都道府県等が行う児童家庭福祉施設等への指導監査活動、児童相談所における特別相談事業を行うために必要な費用の補助、母子家庭および寡婦の自立促進、母子家庭等に対する介護人の派遣や生活指導強化事業など児童家庭福祉事業の施行を図る経費。

(2) 児童保護措置費等負担金

国庫において、都道府県等が行う児童福祉施設の運営等に要する費用の一部を負担する。

第3節　児童家庭福祉の実施者

1　児童福祉司

児童福祉司は、児童相談所に配置された職員で、人口おおむね4万人から8万人に1人の配置を標準とし、担当区域制をとっている。その職務は、児童の保護や福祉に関しての相談に応じ、必要な調査や診断に基づいて措置や援助を行うことが中心であり、具体的には、面接、家庭訪問、関係機関との連絡調整などを行っている。

児童福祉司は、児童福祉法において都道府県知事の補助機関（意思や判断を補助する役割）とされている任用資格であり、要件として①厚生労働大臣の指定する児童福祉司もしくは児童福祉施設の職員を養成する学校その他の施設を卒業した者、②厚生労働大臣の指定する講習会の課程を修了した者、③大学において心理学、教育学、社会学を専修する学科またはこれらに相当する課程を修めて卒業した者で、厚生労働省令で定める施設において1年以上の実務経験がある者、④医師、⑤社会福祉士、⑥社会福祉主事として2年以上児童福祉事業に従事した者、⑦前の各項目に準ずる者と同等以上の能力を有すると認められる者——として厚生労働省令で定める者とされている。

2　社会福祉主事

社会福祉主事は、福祉事務所の現業員として「福祉六法（生活保護法、児童福祉法、母子及び父子並びに寡婦福祉法、知的障害者福祉法、老人福祉

法、身体障害者福祉法をいう)」に定める援護または更生の措置を行うために福祉事務所に配置することとされており、社会生活を送るうえで問題を抱え、専門的なサービスが必要な人に対して援助を行っている。

社会福祉主事は、社会福祉法において都道府県または市町村の補助機関とされている任用資格であり、要件として、①年齢20歳以上の者であって人格が高潔で思慮が円熟し、社会福祉の増進に熱意があること、②大学や専門学校などにおいて厚生労働大臣の指定する社会福祉に関する科目を修めて卒業した者、③社会福祉士、④厚生労働大臣の指定する社会福祉事業従事者試験に合格した者、⑤前の各項目に準ずる者と同等以上の能力を有すると認められる者として厚生労働省令で定める者——とされている。

3 家庭相談員

家庭相談員は、福祉事務所の家庭児童相談室に配置された職員で、地域に密着した子どもに関する相談業務を社会福祉主事ともに行っている。

家庭相談員は、子育て支援や虐待予防などを重視した取り組みが求められ、その要件として、①大学において児童福祉、社会福祉、児童学、心理学、教育学若しくは社会学を専修する学科またはこれらに相当する課程を修めて卒業した者、②医師、③社会福祉士、④社会福祉主事として2年以上児童福祉事業に従事した者、⑤前の各項目に準ずる者——で家庭相談員として必要な学識経験を有する者とされている。

4 児童委員

児童委員は、厚生労働大臣より委嘱された非常勤公務員で、担当区域内の児童家庭および妊産婦について、必要な情報提供その他の援助を福祉関係施設や児童の育成に関する関する活動を行う者と連携し支援を行っており、民生委員法に基づく民生委員が兼務することになっている。

また、児童委員は、住民による市町村や福祉事務所、児童相談所への

要保護児童の通告の仲介機関として位置づけられている。

5　主任児童委員

　少子化の進行や深刻化する児童虐待の問題などにより、児童に関する相談や対応が増加しており、児童委員による子育て支援活動に期待が高まっている。こうしたことから、1994（平成6）年より、区域を持たずに児童家庭福祉に関する事項を専門的に担当する児童委員として、主任児童委員が設置され、児童委員と一体となった活動を展開している。

　主任児童委員は、厚生労働大臣が児童委員のうちから指名することとされており、その職務は、児童家庭福祉に関する機関や児童委員と連絡調整を行うとともに、児童委員の活動に対する援助や協力を行うこととされている。

【引用・参考文献】

　流石智子監修、浦田正夫編著『知識を生かし実力をつける　子ども家庭福祉』保育出版社、2016年

（森合真一）

第7章　児童福祉施設と専門職

第1節　児童福祉施設とは

1　児童福祉法における児童福祉施設と専門職の要件

　「児童の権利条約」第9条には、「親との分離禁止」が明記されており、児童は本来親と引き離されることがあってはならないとされている。しかしながら、2016年度に12万件を超えた我が国の児童虐待の現状からも分かるように、家庭環境を奪われた児童や家庭環境にとどまることが児童の不利益となる場合は、国による特別の保護や援助を受ける権利があると同条約第20条に明記されている。児童福祉施設はこのような児童に対して、家庭の養育機能を補完し、代替えするものであり、子どもの福祉を向上させる重要な社会資源となっている。

　児童福祉施設は、児童福祉法によって現在12種類が定められており、児童福祉法第36条～第44条2において、それぞれの施設の目的を規定している。その運営は、「児童福祉施設の設備及び運営に関する基準」によって行われており、この基準には、それぞれの施設ごとに配置すべき職種、人数、資格が定められている。同基準には、「最低基準の目的」が以下のように書かれている。「児童福祉施設に入所している者が、明るくて、衛生的な環境において、素養があり、かつ適切な訓練を受けた職員の指導により、心身ともに健やかにして、社会に適応するように育成されることを保障するものとする（第2条）」。また、同第7条では、児

童福祉施設における職員の一般的要件として、「児童福祉施設に入所している者の保護に従事する職員は、健全な心身を有し、豊かな人間性と倫理観を備え、児童福祉事業に熱意のあるものであって、できるかぎり児童福祉事業の理論及び実際について訓練を受けたものでなければならない」と定めている。さらに、「児童福祉施設の職員は、常に自己研鑽に励み、法に定めるそれぞれの施設の目的を達成するために必要な知識及び技能の修得、維持、及び向上につとめなければならない」とされており、資質向上のために職員の研修が義務付けられている。

2 保育士が関わる主な児童福祉施設

＊各施設の情報等は、2017年9月に発表された厚生労働省子ども家庭局家庭福祉課「社会的養育の推進に向けて（調査月日、2016年10月1日）」による。

(1) 乳児院（施設数136カ所、定員3,892人、入所者数2,901人）

　乳児院は、乳児（特に必要のある場合には、幼児を含む）を入院させて、これを養育し、あわせて退院した者について相談その他の援助を行うことを目的とする施設である。職員配置については、医師または嘱託医、看護師、個別対応職員、家庭支援専門相談員、栄養士、調理員、等となっているが、看護師は保育士・児童指導員で代替可能とされている。従来から乳児院の入所理由で多いのは、親の精神疾患等であるが、近年、虐待が多くなってきている。乳児院では、一人ひとりの子どもに担当者がいる担当制をとっており、特定の対象に対して持つ特別な情緒的な結びつきである愛着（attachment）形成を図るように工夫している。

(2) 母子生活支援施設（施設数232カ所、定員4,779世帯、入所世帯3,330、入所児童5,479人）

　母子生活支援施設は、配偶者のない女子またはこれに準じる事情にある女子及びその者の監護すべき児童を入所させて、これらの者を保護するとともに、自立の促進のためにその生活を支援し、併せて退所した者について相談その他の援助を行うことを目的としている。つまり、児童

を養育している母子家庭、または何らかの事情で離婚の届出ができないなど、母子家庭に準じる家庭の女性がその子どもと一緒に利用できる施設である。職員として、母子生活支援員を置くことになっており、保育士の資格を有する者がその要件の1つになっている。入所理由は、配偶者からの暴力によるものが最も多く、次いで経済的理由となっている。

(3) 児童養護施設（施設数603カ所、定員32,613人、入所者数27,288人）

児童養護施設は、保護者のない児童（乳児を除く。ただし、特に必要のある場合には乳児を含む）、虐待されている児童その他環境上養護を必要とする児童を入所させて養護し、退所した者に対する相談その他の自立のための援助を行うことを目的とする施設である。入所理由では、虐待に当たるものが一番多く、続いて父母の精神疾患となっている。また、障害等のある児童も増加している（2013年調査で、28.5％）。職員配置は、児童指導員、保育士、嘱託医の他に、心理治療的ケアが必要な被虐待児が増加しているため、心理療法担当職員や家庭支援専門相談員、個別対応職員、職業指導員などが配置されるようになっている。また、欧米諸国に比して極端に多い我が国の施設重視型の社会的養護を見直し、家庭的養護重視へと転換するために、これまでの大舎制（定員20人以上）から1グループ5～6人の地域小規模児童養護施設（グループホーム）や、養育者の住居において家庭養護を行う定員5～6人の小規模住居型児童養育事業（ファミリーホーム）など、施設やケア単位の小規模化が図られ、さらに里親委託も積極的に推進されている。

(4) 児童自立支援施設（施設数58カ所、定員3,686人、入所者数1,395人）

児童自立支援施設は、不良行為をなし、または、なすおそれがある児童および家庭環境等の理由により生活指導を要する児童を入所、あるいは通わせて、その自立を支援し、退所した者について相談その他の援助を行う施設である。都道府県に設置義務が課せられているほか、国立と私立が2カ所ずつ設置されている。国立は、埼玉県に「武蔵野学院（男子）」、栃木県に「きぬ川学院（女子）」、社会福祉法人立は北海道（北海

道家庭学校）と神奈川県（横浜家庭学園）に設置されている。

　職員配置は、児童自立支援専門員、児童生活支援員、嘱託医および精神科の診療に相当の経験を有する医師または嘱託医、個別対応職員、家庭支援専門相談員、栄養士、調理員、等である。このうち児童生活支援員の任用資格は、保育士または社会福祉士の資格を有する者あるいは、3年以上児童自立支援事業に従事した者となっている。児童の入所経路は、児童相談所からの措置と、家庭裁判所の審判による送致がある。施設長には、就学義務が課せられており、入所している児童は地域の小中学校に通うか、施設内の分校等に就学することになっている。児童自立支援施設の処遇体制の特徴は、国立武蔵野学院に見られるように、小舎夫婦制が伝統的に引き継がれている点である。これは、明治時代に留岡幸助（1864～1934）が「家庭学校」創設時に始めたもので、夫婦（夫婦の子どもを含む）が、入所児童と同じ生活寮に住み込み、生活を共にしながら支援する形態である。しかし、近年は労働条件等の問題で交代制の施設が多くなってきている。

（5）**児童心理治療施設**（施設数46カ所、定員2,049人、入所者数1,399人）

　児童心理治療施設は、家庭環境、学校における交友関係その他の環境上の理由により社会生活への適応が困難となった児童を短期間入所させ、または通わせて、社会生活に適応するために必要な心理に関する治療及び生活指導を行い、退所した者について相談その他の援助を行う施設である。職員配置は、医師、心理療法担当職員、児童指導員、保育士、看護師、個別対応職員、家庭支援専門相談員等となっている。対象児の具体例としては、場面緘黙、チック、不登校、集団不適応、発達障害などである。ここでは保護者を含めたケアを行っており、家族全体を対象とした家族療法等を実施している。

（6）**障害児施設**（福祉型入所施設数243カ所、定員9,021人、医療型入所施設数181カ所、定員17,431人、福祉型児童発達支援センター数460カ所、定員14,688人、医療型児童発達支援センター数87カ所、定員2,878人）

障害児施設は、障害児入所施設（入所）と児童発達支援センター（通所）に分類されており、それぞれがさらに福祉サービスを行う「福祉型」と福祉サービスと併せて治療を行う「医療型」に分類されている。この他に、放課後や休業日に児童発達支援センター等へ通所して、生活能力向上のための訓練や社会との交流促進を行う放課後等デイサービス（利用実人員154,840人）がある。これらの施設では、発達障害児の状況理解を容易にするため、物理的・視覚的構造化を用いたり、個別のスケジュール化によって環境を整理したりするなどの取り組みが広く行われるようになってきている。また、保育所等を訪問して障害児が集団生活に適応するための専門的な支援を行う保育所等訪問支援(利用実人員3,053人)も障害児通所支援として児童福祉法に規定された（児童福祉法第6条の2の2）。

　福祉型障害児入所施設は、主として知的障害のある児童を入所させる施設であり、職員配置は、設備運営基準により、嘱託医、児童指導員、保育士、栄養士、調理員及び児童発達支援管理責任者を置くと規定されている。18歳未満の知的障害児のうち保護者がいない児童、障害の程度が重度であったり著しい問題行動があったりして家庭において適切な保護を受けられない児童が対象となる。

(7) 保育所（認定こども園を含む保育所等の施設数26,265カ所、定員2,557,133人、従事者数467,398人）

　保育所は、保育士が最も多く活躍する児童福祉施設であり、その目的は、保育を必要とする乳児・幼児を日々保護者の下から通わせて保育を行うことである（児童福祉法第39条）。また、幼保連携型認定こども園は、幼稚園（学校）と保育所（児童福祉施設）の両方の機能を併せ持つ単一の施設であり、幼稚園教諭と保育士両方の資格を有する「保育教諭」の配置が義務付けられている。

　図表7-1は児童福祉施設の概要をまとめたものである。

図表7-1　児童福祉施設の概要

種類 (児童福祉法該当条文)	利用形態	施設の目的と対象者	主な職員の基準
助産施設 (36条)	入所	事情により入院助産を受けることができない妊産婦を入所させて、助産を受けさせる	第一種助産施設とは医療法の病院又は助産施設で、医療法に規定する職員を配置。 第二種助産施設は医療法の助産所で、医療法に規定する職員のほか1人以上の専任または嘱託の助産師を置く。嘱託医は産婦人科医
乳児院 (37条)	入所	乳児を入院させて、養育し、退院した者について相談その他の援助を行う	小児科医師または嘱託医、看護師、個別対応職員、家庭支援専門相談員、栄養士及び調理員。 (看護師は、**保育士**又は児童指導員をもって代えることができる)
母子生活支援施設 (38条)	入所	配偶者のいない女子又はこれに準ずる事情のある女子及びその者の監護すべき児童を入所させて保護するとともに、自立の促進のために生活を支援し、退所した者について相談その他の援助を行う	母子支援員、嘱託医、少年を指導する職員及び調理員。 母子支援員は、**保育士**、社会福祉士、精神保健福祉士等の資格を有する者。
保育所 (39条)	通所	日々保護者の下からから通わせて保育を行う	**保育士**、嘱託医、調理員
幼保連携型認定こども園 (39条の二)	通所	満3歳以上の幼児に対する教育及び保育を必要とする乳児・幼児に対する保育を一体的に行う	保育教諭、調理員 (保育教諭は、幼稚園教諭と**保育士**の両方有することが原則)
児童厚生施設 (児童館、児童遊園、等) (40条)	利用	児童に健全な遊びを与え、健康を増進し、情操を豊かにする	児童の遊びを指導する者 (**保育士**、社会福祉士、学校教育法上の教諭となる資格を有する者、他)
児童養護施設 (41条)	入所	保護者のない児童、虐待されている児童、その他環境上養護を必要とする児童を入所させて、これを養護し、退所した者に対する相談その他の自立のための援助を行う	児童指導員、嘱託医、**保育士**、個別対応職員、家庭支援専門相談員、栄養士、調理員、他
福祉型障害児入所施設 (42条一)	入所	障害児を入所させて、保護、日常生活の指導及び独立自活に必要な知識技能を与える	嘱託医、児童指導員、**保育士**、栄養士、調理員、児童発達支援管理責任者
医療型障害児入所施設 (42条二)	入所	障害児を入所させて、保護、日常生活の指導及び独立自活に必要な知識技能を与え、治療を行う	医療法に規定する病院としての職員、児童指導員、**保育士**、児童発達支援管理責任者
福祉型児童発達支援センター (43条一)	通所	障害児を日々保護者の下から通わせて日常生活における基本的動作の指導、独立自活に必要な知識技能の付与又は集団生活への適応のための訓練を行う	嘱託医、児童指導員、**保育士**、栄養士、調理員、児童発達支援管理責任者、機能訓練担当職員、他
医療型児童発達支援センター (43条二)	通所	障害児を日々保護者の下から通わせて日常生活における基本的動作の指導、独立自活に必要な知識技能の付与又は集団生活への適応のための訓練及び治療を行う	医療法に規定する診療所の職員、児童指導員、**保育士**、看護師、理学療法士又は作業療法士、児童発達支援管理責任者、他

種類 (児童福祉法該当条文)	利用形態	施設の目的と対象者	主な職員の基準
児童心理治療施設 (43条の二)	入所 通所	家庭環境、学校における交友関係その他の環境上の理由により社会生活が困難になった児童を、短期間、入所させ、又は保護者の下から通わせて、社会生活に適応するために必要な心理に関する治療及び生活指導を行い、あわせて退所した者について相談その他の援助を行う	医師、心理療法を担当する職員、児童指導員、**保育士**、看護師、個別対応職員、家庭支援専門相談員、栄養士、調理員
児童自立支援施設 (44条)	入所 通所	不良行為をなし、又はなすおそれのある児童及び家庭環境その他の環境上の理由により社会生活への適応が困難になった児童を、短期間、入所させ又は保護者の下から通わせて、個々の児童の状況に応じて必要な指導を行い、その自立を支援し、あわせて退所した者について相談その他の援助を行う	児童自立支援専門員、児童生活支援員、嘱託医、精神科医師又は嘱託医、個別対応職員、家庭支援専門相談員、栄養士、調理員 (児童生活支援員は、**保育士**、社会福祉士の資格を有する者、三年以上児童自立支援事業に従事した者でなければならない)
児童家庭支援センター (44条の二)	利用	地域の児童の福祉に関する各般の問題につき、相談に応じ、助言を行う。児童相談所や都道府県の委託を受けて要保護児童への指導を行う。児童相談所、児童福祉施設等との連絡調整その他の援助を総合的に行う	児童福祉法第44条の二第一項に規定する業務を担当する職員。児童福祉法第13条第二号の児童福祉士任用資格に該当する者

注1)「児童福祉法」及び「児童福祉施設の設備及び運営に関する法律」「幼保連携型認定こども園の学級編成、職員、設備運営に関する基準」より筆者作成
注2) 主な職員の基準は、「保育士」に関わるものを太字で示した

第2節 専門職としての保育士

1 保育士資格の特徴と法定化の意義

　保育士は、児童福祉の専門職の中で最も多く、「2016年社会福祉施設等調査の概要（厚生労働省）」によれば、保育所等で働く常勤換算従事者数は、保育教諭も含めて約40万人以上となっている。保育士になる方法は2つあり、指定保育士養成施設を卒業するか、保育士試験に合格し、都道府県に保育士登録をすることで保育士になることができる。保育士は、名称独占の国家資格（児童福祉法第18条の23）であり、保育士でない者が保育士と名乗ることはできない。国家資格になったことに伴い、守秘義務（同条の22）と信用失墜行為の禁止（同条の21）および自己研

鑽の努力義務（同法第48条の四の②）が法定化された。

一方、保育士資格の大きな特徴となっていることは、国家試験が免除されていることである。しかし、現在、保育士資格も、その質の確保と専門性向上のために、国家試験導入が検討されている。

2 施設保育士の専門性

保育士資格で働く人の中には、保育所以外の児童福祉施設や病院内保育の現場で活躍する人も多い。保育所以外の児童福祉施設で働く保育士を一般に施設保育士と呼ぶが、保育所保育士と施設保育士は、子どものケアという共通の手段を用いるものの、それぞれの目的は異なり、専門性として求められる内容も異なっている。そこで、日本児童養護実践学会では、2015年より「児童養護福祉士」資格の認定を行っている。児童養護領域において優れた養育とソーシャルワークの技術と知識を用いて、水準の高い実践のできる人材育成がその目的となっている。

一方、医療が進み、かつては救えなかった子どもの命が救えるようになってきたことを背景に、病児保育事業が、児童福祉法第6条の3の13に規定された。

医療保育学会では、医療型障害児入所施設等で重症心身障害児などの医療に携わる保育士を対象に、「医療保育専門士」資格の認定制度を行っている。このように、社会の変化や医療の進歩に伴い保育士の高度専門化が図られてきている。

【引用・参考文献】
和田上貴昭「児童養護施設に必要なスキルを持つ保育士とは」平成29年度全国保育士養成セミナー実施要項第4分科会提案要旨、PP.54-55
鹿島房子「医療に携わる保育士に求められること」平成29年度全国保育士養成セミナー実施要項第4分科会提案要旨、PP.56-57

（加藤勝弘）

第8章　児童家庭福祉と子育て支援

第1節　少子化と子育て支援

　1971年から1974年にかけての第2次ベビーブーム以来、我が国の出生数は減少し続けている。特に統計を取り始めて以来、「ひのえうま」という特殊な要因を持つ年であったために、合計特殊出生率が最低を記録した1966年の1.58を下回ったのが、1989年であった（合計特殊出生率1.57）。この社会的衝撃は「1.57ショック」と呼ばれ、我が国の少子化対策、そして子育て支援の契機となる出来事となった。

1　これまでの子育て支援の取り組み

(1)　エンゼルプラン（1994年12月）

　当時の文部・厚生・労働・建設の4大臣合意による「今後の子育て支援のための施策の基本的方向について」（エンゼルプラン）が策定された。おもなねらいは、少子化対策および仕事と子育ての両立支援であり、「エンゼルプラン」を実施するための具体的計画として「緊急保育対策等5か年事業」も併せて策定された。

(2)　新エンゼルプラン（1999年12月）

　1999年12月、総合的な少子化対策の指針として「少子化対策推進基本方針」が策定され、この方針の具体的計画として「重点的に推進すべき少子化対策の具体的実施計画について」（新エンゼルプラン）が策定された。「新エンゼルプラン」は「エンゼルプラン」および「緊急保育対策

等5か年事業」の見直しを図ったものである。

(3) 少子化対策プラスワン（2002年9月）

従前の少子化対策に加え、さらにもう一段の少子化対策を講じていく必要があるとして、「少子化対策プラスワン」が提言された。①男性を含めた働き方の見直し、②地域における子育て支援、③社会保障における次世代支援、④子どもの社会性の向上や自立の促進の4本柱——から成る。

(4) 次世代育成支援対策推進法（2003年7月）

10年間（2005〜2014年度）の時限立法として制定された。行動計画の策定が明示され、国や地方公共団体だけではなく、企業の次世代育成への役割が示されることとなった。さらに2014年の改正では、2025年3月末までの10年間、この法律の有効期限が延長されるに至った。

(5) 少子化社会対策基本法（2003年9月）

「少子化社会対策基本法」は、「次世代育成支援対策推進法」と同年に制定された。少子化対策施策の基本理念を明らかにし、国、地方公共団体、事業主および国民の責務を示す。

(6) 少子化社会対策大綱（2004年6月、2010年1月、2015年3月）

「少子化社会対策基本法」に規定される「大綱の策定」に従い、2004年に「少子化社会対策大綱」が策定され、3つの視点（自立への希望と力、不安と障壁の除去、子育ての新たな支え合いと連帯）をもとに、少子化の流れを変えるための4つの重点課題が提示された。そして2004年12月には「少子化社会対策大綱」に基づく重点施策の具体的実施計画として、「子ども・子育て応援プラン」が策定されている。

「少子化社会対策大綱」はその後の社会情勢に鑑みながら、2010年および2015年にも策定されている。

(7) 子ども・子育てビジョン（2010年1月）

「子ども・子育て応援プラン」が2010（平成22）年度で終了するのを受けて、「少子化社会対策大綱」に基づく「子ども・子育てビジョン」が策定された。

「子どもが主人公（チルドレン・ファースト）」という考えの下、これまでの「少子化対策」という視点から、「子ども・子育て支援」という視点への転換を示した。基本的考え方として、「社会全体で子育てを支える」「希望がかなえられる」の2点を強調した。

(8) 子ども・子育て新システムの基本制度案要綱（2010年6月）

次世代育成支援のための新たなシステム構築を検討するため、子ども・子育て新システム検討会議が、内閣府を中心に2010年1月に設置された。そして同年6月にこの会議で示されたのが「子ども・子育て新システムの基本制度案要綱」である。

(9) 子ども・子育て支援法等子ども・子育て関連3法（2012年8月）

子ども・子育て新システムの制度設計の下、「子ども・子育て関連3法」（「子ども・子育て支援法」「認定こども園法の一部を改正する法律」「子ども・子育て支援法及び認定こども園法の一部を改正する法律の施行に伴う関係法律の整備等に関する法律」）が成立するに至った。この法制定をもって我が国の子ども・子育て支援新制度が創設されたといえる。本法律の本格的施行は2015年4月からであったが、翌年2016年4月には「子ども・子育て支援法」が改正されている。本改正により「仕事・子育て両立支援事業」が創設された。

2　待機児童解消に関する取り組み（図表8-2）

(1) 待機児童ゼロ作戦から新待機児童ゼロ作戦へ

「待機児童ゼロ作戦」（2001年7月）は、閣議決定された「仕事と子育ての両立支援策の方針について」に盛り込まれている。家庭的保育、保育所、幼稚園による預かり保育等を活用し、2002年度からの3年間で15万人の受入児童数増加を目指し、達成を果たした。しかし2008年には待機児童数が再び増加に転じ、同年2月に策定された「新待機児童ゼロ作戦」ではさらに、保育サービスや放課後児童クラブの整備、これらの10年後の提供割合引き上げの目標値が定められた。

(2) 待機児童解消「先取り」プロジェクトから待機児童解消加速化プランへ

2010年11月に「待機児童解消『先取り』プロジェクト」がまとめられた。この施策によって都市部を中心に保育所数、定員数は増加したが、それ以上に保育希望家庭数が上回り、待機児童の劇的な解消には至らなかった。そこで「待機児童解消加速化プラン」が2013年4月に示され、「子ども・子育て支援法」の本格的な施行（2015年）までの2年間、待機児童解消に意欲のある地方公共団体に対して5つの支援策を実施することを示した。その結果、2013年度からの3年間で、約31.4万人分の保育の受け皿拡大を達成した。

このように、待機児解消に向けてさまざまな施策が展開されるなか、待機児童の顕著な減少を示すシナリオは未だ見えにくい。その理由の一つとして、潜在的待機児童の問題がある。厚生労働省が把握する待機児童を解消しても、次々と潜在的需要が出てくる現実がある。

3 子ども・子育て支援新制度

2015年4月より子ども・子育て支援新制度が本格的に施行され、現在我が国は児童家庭福祉における大きな改革期にある。

子ども・子育て支援新制度では、①質の高い幼児期の学校教育・保育の総合的な提供、②保育の量的拡大・確保、③地域の子ども・子育て支援の充実の3点を強化している。

(1) 教育・保育に対する給付制度

①施設型給付

これまで私学助成・保育所運営費と別に定められていた財政措置を、認定こども園・幼稚園・保育所すべて施設型給付へ一本化（ただし、私立幼稚園は施設型給付か従来の私学助成かを選択）。

②地域型保育給付

小規模保育・家庭的保育・居宅訪問型保育・事業所内保育への地域

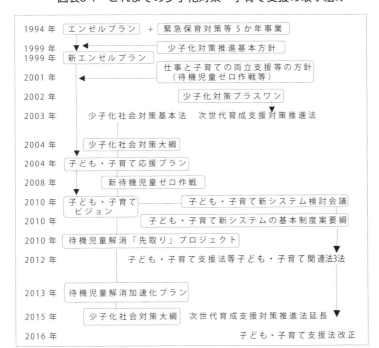

図表8-1　これまでの少子化対策・子育て支援の取り組み

［内閣府、2017年］より筆者作成

型給付が創設（**図表8-2**）。

(2) 市町村が実施主体

地方公共団体の最小単位であり人々にとって身近な存在の市町村が実施の中心となる。市町村は地域のニーズを把握したうえで、「市町村子ども・子育て支援事業計画」を策定することが求められている。

(3) 政府の推進体制を整備

内閣府に子ども・子育て本部を設置し、子ども・子育てに関する制度体制の中枢とした（**図表8-3**）。

図表 8-2　地域型保育事業

小規模保育	利用定員6人～19人の小規模な施設で行う保育
家庭的保育	家庭的保育者の居宅、その他の場所で保育する(定員5人以下)
居宅訪問型保育	保育を必要とする子どもの居宅で保育する
事業所内保育	主として従業員の子どものほか、地域において保育を必要とする子どもを保育する

［内閣府子ども・子育て本部、2017年］より筆者作成

(4) 子ども・子育て会議の設置

国は、有識者、地方公共団体、事業主代表・労働者代表、子育て当事者、子育て支援当事者等が、子育て支援の政策に関与できるようにするため、「子ども・子育て会議」を設置する。

同様に都道府県、市町村も設置する努力義務がある。地方版子ども・子育て会議では、「子ども・子育て支援事業計画」策定の審議や、継続的に点検・評価・見直しを行う役割が期待されている。

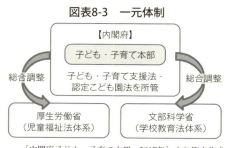

図表8-3　一元体制

［内閣府子ども・子育て本部、2017年］より筆者作成

第2節　地域で行う子育て支援

1　地域子ども・子育て支援事業

地域子ども・子育て支援事業は、在宅の子育て家庭を含むすべての家庭を対象とする事業として「子ども・子育て支援法」の中に位置づけられている。市町村が中心となって事業を実施する（図表8-4）。

図表8-4　地域子ども・子育て支援事業13項目

利用者支援事業	子育て家庭や妊産婦に、地域の子育て支援に関する情報提供をし、機関との連絡調整等を行う。
地域子育て支援拠点事業	親子同士の交流や子育て相談が出来る地域の居場所を公共施設や保育所等に設置する。
妊婦健康診査	妊婦に対する健康診査や、必要に応じた医学的検査を実施する。
乳児家庭全戸訪問事業	生後4か月までの乳児のいるすべての家庭を訪問し、情報の提供や養育環境等の把握を行う。
養育支援訪問事業、子どもを守る地域ネットワーク機能強化事業	養育支援が必要な家庭を訪問し、保護者の養育等への支援を行う。要保護児童対策地域協議会の機能強化を図る。
子育て短期支援事業	保護者が一時的に養育困難となった場合に、児童養護施設等で子どもを養育する。トワイライトステイ事業、ショートステイ事業の2種がある。
子育て援助活動支援事業（ファミリー・サポート・センター事業）	子どもの預かりや送迎等の援助を要する者と、援助の提供を希望する者との相互援助活動の調整を行う。
一時預かり事業	家庭での保育が一時的に困難となった乳幼児を、主に昼間、保育所やその他の場所で預かる。
延長保育事業	保育認定を受けた子どもを、通常の利用時間以外において保育所等で保育を実施する。
病児保育事業	病気あるいは病後の子どもを保育所や病院等に付設されたスペースで看護師等が一時的に保育する。
放課後児童健全育成事業（放課後児童クラブ）	保護者が昼間留守となる家庭の児童(小学生)に、放課後の適切な生活の場を与える。
実費徴収に係る補足給付を行う事業	保護者の世帯所得の状況等から、特定教育・保育施設等での物品購入に要する費用、行事参加費用等の実費徴収に対しての給付を行う。
多様な事業者の参入促進・能力活用事業	多様な事業者の活用促進のため、新規参入施設等の事業者への支援を行う。

［内閣府子ども・子育て本部、2017年］より筆者作成

2　民間の活動

　近年、NPO法人や企業、教育機関等により多様な子育て支援が実施されている。このような民間活動の活発化は、母親だけに偏りがちな子育てを、「子育ては社会全体で」という認識の変化が人々のなかに広がったことを意味している。高齢者が支援の担い手となり三世代の交流を楽しみながらの子育て支援、「ホームスタート」に代表される家庭訪問型子育て支援など、それぞれの家庭のニーズにきめ細やかに対応する

ことが可能となるのは、民間の支援の利点である。

　また現代社会においては、もはや乳幼児と関わる経験を持たないまま親となることが当たり前になっていることから、子育ては他者から学ぶ、あるいは情報を提供される必要があるという考えのもとに、さまざまな親支援(教育)プログラムが展開されている。なかでも乳児とその母親を対象とする「赤ちゃんがきた（BP）プログラム」、就学前の保護者を対象とする「ノーバディーズ・パーフェクト」、主に幼児期から学齢期の子どもとの関わり方を学ぶ「TripleP－前向き子育てプログラム」「ボーイズタウン・コモンセンスペアレンティング®」などがある。さらには、子育て情報誌の発行、インターネットを介したメールマガジンやwebサイトの運営等も現代ならではの子育て支援の手法である。

教育機関での学生による子育て支援

【引用・参考文献】

猪熊弘子『「子育て」という政治〔再版〕』（角川SSC新書226）KADOKAWA、2014年

柏木惠子『子どもが育つ条件―家族心理学から考える』岩波書店、2008年

内閣府編『少子化社会対策白書〔平成29年版〕』日経印刷、2017年

内閣府子ども・子育て本部「子ども・子育て新制度について」2017年　〈http://www8.cao.go.jp/shoushi/shinseido/outline/pdf/setsumei.pdf〉（2017.12.13最終アクセス）

根ヶ山光一・柏木惠子編著『ヒトの子育ての進化と文化―アロマザリングの役割を考える』有斐閣、2010年

（中島　美那子）

第9章 子どもと暴力

第1節 子ども虐待

1 子ども虐待とは

　子どもと養育者との関係は、本来、養育者が子どもの権利や心身の成長発達を保障することで、その健全な関係が成立している。一方で子ども虐待とは、その関係が養育者側の欲求を子どもの存在を乱用して満たすことを前提としており、児童虐待の防止等に関する法律（以下「児童虐待防止法」という）第2条において、後述したように定義されている。

　加えて、厚生労働省の「子ども虐待対応の手引き」には、児童虐待防止法が規定する子ども虐待の行為類型について①身体的虐待、②性的虐待、③ネグレクト、④心理的虐待と規定している。

　このように、子ども虐待は便宜上、①〜④の4つの類型に分類されている。ここで「便宜上」としたのは、こうした多くの虐待行為の実際が一度だけにあらず、また単独行為で行われるわけではないことを意味している。言い換えると、子ども虐待の実態は、繰り返され、慢性化し加えて身体的虐待と心理的虐待、ネグレクト等が二重、三重となって向けられるケースも少なくなく、さらに慢性化した暴力行為はエスカレートする傾向が強いということである。つまり子ども虐待の実態は、重複化、慢性化しやすく、重複化、慢性化すればするほど子どもの心身への影響はより深刻で重篤なものとなる。それ故に、児童虐待防止法第1条（目

> **児童虐待防止法第2条（児童虐待の定義）**
> この法律において、「児童虐待」とは、保護者（親権を行う者、未成年後見人その他の者で、児童を現に監護するものをいう。以下同じ。）がその監護する児童（十八歳に満たない者をいう。以下同じ。）について行う次に掲げる行為をいう。
> 一　児童の身体に外傷が生じ、又は生じるおそれのある暴行を加えること。
> 二　児童にわいせつな行為をすること又は児童をしてわいせつな行為をさせること。
> 三　児童の心身の正常な発達を妨げるような著しい減食又は長時間の放置、保護者以外の同居人による前二号又は次号に掲げる行為と同様の行為の放置その他の保護者としての監護を著しく怠ること。
> 四　児童に対する著しい暴言又は著しく拒絶的な対応、児童が同居する家庭における配偶者に対する暴力（配偶者（婚姻の届出をしていないが、事実上婚姻関係と同様の事情にある者を含む。）の身体に対する不法な攻撃であって生命又は身体に危害を及ぼすもの及びこれに準ずる心身に有害な影響を及ぼす言動をいう。第十六条において同じ。）その他の児童に著しい心理的外傷を与える言動を行うこと。
>
> 児童虐待の防止等に関する法律（平成十二年法律第八十二号）

的）には、「児童虐待が児童の人権を著しく侵害し、その心身の成長及び人格の形成に重大な影響を与える」と明記している。

2　子ども虐待の現状

　子ども虐待は、子どもの心身の健全な成長発達および人格形成に重大な影響を与えるとともに、次の世代に引き継がれる可能性もある。それ故に児童虐待防止法第3条においては、「何人も児童に対し、虐待をしてはならない」と明記されている。しかし、このように子どもへの虐待行為が明確に禁止されているにも関わらず、また度重なるさまざまな児童虐待防止および予防を目的とした法律の改正や取り組みがなされているにもかかわらず、全国の児童相談所に寄せられる児童虐待に関する相談件数は、調査を開始した平成2年度以降一貫して増加している。加えて、2017年8月17日掲載の厚生労働省報道発表資料によると、平成28年

図表9-1　児童相談所での虐待相談の内容別件数の推移

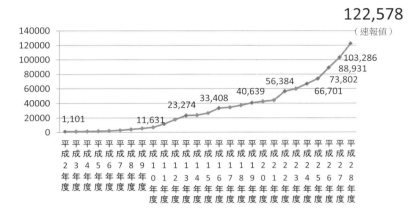

出典：厚生労働省平成28年度の児童相談所での児童虐待相談対応件数（別添2）1頁より著者作成

度中に、全国210か所の児童相談所が児童虐待相談として対応した件数は122,578件（速報値）で、過去最多となっている（**図表9-1**）。

　増加の要因は、「児童が同居する家庭における配偶者に対する暴力がある事案（面前DV）が心理的虐待に含まれ、警察からの通告が増加したこと」、あるいは「児童相談所全国共通ダイヤル（189）の広報、マスコミの報道等により国民の児童虐待への意識が高まったこと」等が挙げられている。虐待相談の内容別件数の推移（**図表9-2**）を見てみると、身体的虐待、ネグレクト、性的虐待、心理的虐待のうち、ここ5年では性的虐待に関する相談内容件数に次年度と比べ微減が見られる年度があるものの、各相談内容件数は全て増加傾向にある。また、平成25年度以前は、毎年、身体的虐待が一番高い割合であったが、平成25年度以降は心理的虐待の割合が最も多くなり、次いで身体的虐待となっている。

　さらに虐待による児童の死亡事例を見ると、「平成26年度の第12次報告」において心中以外の虐待死事例では、亡くなった子ども44人のうち0歳児が27人（61.4％）であった。これまでの第1次報告から第12次報告

図表9-2　児童相談所での虐待相談の内容別件数の推移

	身体的虐待	ネグレクト	性的虐待	心理的虐待	総　数
平成24年度	23,579件 (35.4%)	19,250件 (28.9%)	1,449件 (2.2%)	22,423件 (33.6%)	66,701件 (100.0%)
平成25年度	24,245件 (32.9%)	19,627件 (26.6%)	1,582件 (2.1%)	28,348件 (38.4%)	73,802件 (100.0%)
平成26年度	26,181件 (29.4%)	22,455件 (25.2%)	1,520件 (1.7%)	38,775件 (43.6%)	88,931件 (100.0%)
平成27年度	28,621件 (27.7%)	24,444件 (23.7%)	1,521件 (1.5%)	48,700件 (47.2%)	103,286件 (100.0%)
平成28年度 (速報値)	31,927件 (26.0%)	25,842件 (21.1%)	1,622件 (1.3%)	63,187件 (51.5%)	122,578件 (100.0%)

出典：児童相談所での虐待相談の内容別件数の推移「厚生労働省平成28年度の児童相談所での児童虐待相談対応件数（別添2）」3頁を参考に筆者作成

においても全ての報告で「0歳」の割合が最も多く、死亡事例全体の45.2％となっている。こうした背景には、妊娠期・周産期に問題を抱える家庭が多いことが挙げられる。経済的問題、未婚、望まない妊娠等といった要因は、ただでさえ妊娠による身体の変調や生活スタイルの変化等が伴うこの時期に重い負担となりかねない。加えて、近代化や都市化の影響は、地域社会の中で子育て家庭を孤立化させやすく育児不安に拍車をかけている。こうした現状から、子ども虐待の予防や防止に向けた妊娠期から子育て期にわたる切れ目のない母子保健の更なる充実した取り組みが急務となっている。

3　児童虐待の防止等に関する法律

先述したように、児童虐待防止法が2000年に制定された。この児童虐待防止法の各条文には、例えば子ども虐待の禁止（3条）や防止に関する国および地方公共団体の責務（4条）、児童虐待の早期発見（5条）、児童虐待に係る通告（6条）、あるいは児童虐待を受けた児童等に対する支援（13条の3）等が定められている。特に第5条（児童虐待の早期発見）で

は、保育者を含めた児童福祉施設職員や学校の教職員等は子ども虐待の早期発見に努めなければならないことが規定されている。さらに第6条（児童虐待に係る通告）では、通告する際の留意点として、通告は「児童虐待を受けたと思われる児童を発見した者は‥（省略）福祉事務所若しくは児童相談所に通告しなければならない」としている。ここで注目すべきは、「児童虐待を受けたと思われる児童」である。2004年の児童虐待防止法の改正により、通告の対象が「児童虐待を受けた児童」から「児童虐待を受けたと思われる児童」に拡大された点である。これは、明確な虐待の事実や証拠を確認することよりも、子どもの命をまず守るといった保護や早期発見を最優先したことによるものである。

　最後に、現在、児童虐待防止法第13条の3（児童虐待を受けた児童等に対する支援）により、特別の支援を要する家庭の子は、子ども虐待防止の観点から保育施設等への優先的な入所が可能となっている。こうした背景から、今後一層保育施設等での子ども虐待ケースへの対応件数の増加が見込まれ、保育者には迅速かつ的確な対応が求められている。

4　民法と児童虐待防止法の改正

　2011年に民法第820条（監護及び教育の権利義務）が、「親権を行う者は子の利益のために子の監護及び教育をする権利を有し、義務を負う」と改正され、親権は、子の利益のために行使される養育者の権利という趣旨が明確化された。これに併せて、同法822条（懲戒）も「親権を行う者は、第820条の規定による監護及び教育に必要な範囲内でその子を懲戒することができる」とされ親権者の懲戒権の乱用を防ぐ規定が明確化された。こうした民法の改正を踏まえて、2016年に児童虐待防止法第14条（親権の行使に関する配慮等）が、「児童の親権を行う者は、児童のしつけに際して、民法第820条の規定による監護及び教育に必要な範囲を超えて懲戒してはならず、当該児童の親権の適切な行使に配慮しなければならない」と改正された。こういった動きは、依然として後を絶たな

い「しつけを名目とした子ども虐待」に歯止めをかける目的で改正がなされたものである。

第2節　ドメスティック・バイオレンス

1　DVとは

　ドメスティック・バイオレンス（DV：Domestic Violence）は、一般的に夫婦間等の親密な関係にある男女間で発生する暴力を指す。「配偶者からの暴力の防止及び被害者の保護に関する法律」（以下DV防止法）第1条には、配偶者からの暴力（DV）について、「配偶者からの身体に対する暴力（身体に対する不法な攻撃であって生命又は身体に危害を及ぼすもの）又はこれに準ずる心身に有害な影響を及ぼす言動」と定義している。そしてDVの一つの傾向として、支配的な関係の下で発生し、子ども虐待と同様に家庭内等の密室で行われることが多く表面化しにくいケースが多いことが挙げられる。被害者の多くは女性であるが、具体的なDV被害は、出血や打撲、骨折等の身体的な外傷に留まらず、うつ病や心的外傷後ストレス障害（Posttraumatic Stress Disorder：PTSD）といった心理的被害にも及ぶ。

2　子どもへの影響

　DVの子どもへの影響も深刻である。先述した児童虐待防止法第2条第4項は、DVを心理的虐待と定義している。配偶者への暴力を目の当たりにすることはもとより、目撃しなくても日々その脅威が身近に感じる環境下での生活は、本来の安全・安心の源となる家庭の機能が奪われ、逆に家庭が大きな脅威となる。さらに、子ども自身が、加害者の暴力を止められないことを「自分のせい」と自責の念を募らせ、無力感や自己

否定感を膨らませてしまうことにもつながる。また、加害者が母親の権威を失墜させるような言動を繰り返す等して、その結果母子関係を歪めてしまう場合もある。さらに子どもは加害者の姿から暴力による問題解決の方法を学習し、心身の健全な成長発達に負の影響を与えかねない。

3 配偶者暴力相談支援センターと関係機関

　DV防止法第3条では、都道府県や市町村が婦人相談所やその他の施設において配偶者暴力相談支援センターの機能を果たすよう規定している。「都道府県及び市町村における配偶者暴力相談支援センター数（内閣府男女共同参画局）」によると、配偶者暴力相談支援センターは、2016年11月1日現在で全国に271カ所（都道府県設置：173、市町村設置：98）あり、寄せられた相談件数総数は102,963件であった。相談者は毎年圧倒的に女性による相談が多い。センターの主な役割は、以下の通りとなっている。

配偶者暴力相談支援センターの主な役割

① 相談または相談機関の紹介
② カウンセリング
③ 被害者及び同伴者の緊急時における安全の確保及び一時保護＊
④ 自立して生活することを促進するための情報提供その他の援助
⑤ 被害者を居住させ保護する施設の利用についての情報提供とその他の援助
⑥ 保護命令制度の利用についての情報提供その他の援助

＊一時保護については、婦人相談所が自ら行うか、婦人相談所から一定の基準を満たす者に委託して行う。

出典：内閣府男女共同参画局配偶者からの暴力被害者支援情報

　被害女性が一時保護となった場合には、婦人保護施設や民間シェルターへの入所となる。民間シェルターや婦人保護施設では、被害者保護

の他に、利用者の自立を促進するための生活支援や生活再建に向けた支援が行われている。加えて都道府県および市（特別区を含む）に設置されている福祉事務所は、ＤＶ防止法第8条の3に、「被害者の自立を支援するために必要な措置を講ずるよう努めなければならない」とされ、行政機関としての相談窓口の役割を担い、児童福祉法に基づく助産施設や母子生活支援施設への入所の窓口業務を行っている。

　母子生活支援施設は、児童福祉法に基づく児童福祉施設で、入所した母親とその子どもの心身と生活の安定および自立に向けた支援を行っている。2016年10月1日現在全国に232カ所あり、3,330世帯（児童数5,479人）が生活している。入所理由は、「配偶者からの暴力」が45.7％で最も多く、次いで「経済的理由」が18.7％、「住宅事情による」が15.9％となっている。

【引用・参考文献】

「子ども虐待対応の手引き（平成25年8月 改正版）」厚生労働省雇用均等・児童家庭局総務課　〈www.mhlw.go.jp/seisakunitsuite/bunya/kodomo/kodomo.../dv/dl/120502_11.pdf〉(2017.12.12最終アクセス)

「子ども虐待による死亡事例等の検証結果等について（第13次報告）及び児童相談所での児童虐待相談対応件数」2017(平成29)年8月17日掲載の厚生労働省報道発表資料　〈www.mhlw.go.jp〉(2017.12.12最終アクセス)

石井朝子編著『よくわかるDV被害者への理解と支援－対応の基本から法制度まで現場で役立つガイドライン』明石書店、2009年

「都道府県及び市町村における配偶者暴力相談支援センター数（平成28年11月1日現在）」内閣府男女共同参画局

　〈www.gender.go.jp/policy/no_violence/e-vaw/.../01.html〉(2017.12.12最終アクセス)

（今井 大二郎）

第10章　子どもと社会的養護

第1節　わが国の社会的養護

1　社会的養護とは

　児童福祉法第1条には「全て児童は児童の権利に関する条約にのっとり、適切に養育されること、その生活を保障されること、愛され、保護されること、その心身の健やかな成長及び発達並びにその自立が図られることその他の福祉を等しく保障される権利を有する。」とあり、我が国の児童福祉の根本理念がうたわれている。また、同法第2条には「児童育成の責任」として、健やかな児童の育成における第一義的責任は、児童の保護者にあり、国と地方自治体は、その保護者と共に健やかに育成する責任を負うとしている。このように子どもは、生まれながらにして愛され、健全な心身の成長発達を保障されなければならない存在としてある。しかし、現代社会において子ども虐待やDV等のマルトリートメントの子ども虐待等の不適切な関わり、あるいは不適切な養育環境事由によって家庭で暮らすことが出来ない子どもがいる。そうした家庭に何らかの事情を抱える児童は要保護児童とされ、全国に大よそ4万5000人いる。そして、要保護児童を「公的責任により社会で養育し、保護するとともに、養育に大きな困難を抱える家庭への支援を行うこと」を社会的養護という。実際に要保護児童の入所措置が必要となった場合は、児童相談所の決定（行政処分＝措置）により、里親等への委託か児童福

祉施設への入所となる。児童相談所は、児童家庭福祉の行政機関として権限を行使する役割りを担っている（措置制度）。そして措置制度は、他の子育て支援制度が契約等に変わる中でも、子どもの生命や心身の健全な成長発達を保障する上で必要な制度として現在も残されている。

2 社会的養護の体系

我が国の社会的養護は、大きく里親やファミリーホームといった家庭養護と乳児院や児童養護施設等の施設養護に分けられる。また、施設養護は、ケア単位の小規模化と施設機能の地域分散化による家庭的養護の推進を図っている（**図表10-1**）。ケア単位の小規模化とは、本園の施設内で、定員を6～8人とした小規模グループケアを実施し、生活形態をより家庭的な環境にすることをいう。同時に地域社会に一軒家を建てるなどして定員6人で生活する地域小規模児童養護施設（グループホーム）が推進され、2016年10月1日現在、全国で小規模グループケアが1,305カ所、地域小規模児童養護施設が354カ所実施されている。このように我が国の社会的養護は、里親等の家庭養護を、それが難しい場合でも施設の家庭的養護と個別化を図り、「あたりまえの生活」を保障することを推進している。

図表10-1 社会的養護の体系とケア形態

施設養護	これまでの児童養護施設の主なケア単位で生活		大舎制（1養育単位当たり定員が20名以上）
			中舎制（同 13～19人）
			小舎制（同 12人以下）
	家庭的養護	ケア単位を小規模化し、より家庭的な環境の中で生活	小規模グループケア（定員6～8人）
			地域小規模児童養護施設（グループホーム）（定員6人）等
家庭養護		養育者の家庭で生活	里親（児童4人まで）
			ファミリーホーム（定員5～6人）

出典：『これだけは覚える保育士重要項目17年版』成美堂出版172頁を参考に筆者作成

図表10-2 社会的養護施設数・児童数等

施設	乳児院	児童養護施設	児童心理治療施設	児童自立支援施設	母子生活支援施設	自立援助ホーム（事業）
対象児童	乳児（特に必要な場合は、幼児を含む）	保護者のない児童、虐待されている児童その他環境上養護を要する児童（乳児を含む）	家庭環境、学校における交友関係その他の環境上の理由により社会生活への適応が困難となった児童	不良行為をなし、又はなすおそれのある児童及び家庭環境その他の環境上の理由により生活指導等を要する児童	配偶者のない女子又はこれに準ずる事情にある女子及びその者の監護すべき児童	義務教育を終了した児童又は児童以外の満二十歳に満たない者であって、措置解除された者のもの。22歳の年度末までの間にある大学等就学中の者
施設数	136か所	603か所	46か所	58か所	232か所	143か所
定員	3,877人	32,613人	1708人	3,686人	4,740世帯	934人
現員	2,901人	27,288人	1,264人	1,395人	3330世帯（児童5,479人）	516人
児童福祉法	37条	41条	43条の2	44条	38条	第6条の3
施設目的	を入院させて、これを養育し、あわせて退院した者について相談その他の援助を行うことを目的とする施設とする。	を入所させて、これを養護し、あわせて退所した者に対する相談その他の自立のための援助を行うことを目的とする施設とする。	を、短期間、入所させ、又は保護者の下から通わせて、社会生活に適応するために必要な心理に関する治療及び生活指導を主として行い、あわせて退所した者について相談その他の援助を行うことを目的とする施設とする。	を入所させ、又は保護者の下から通わせて、個々の児童の状況に応じて必要な指導を行い、その自立を支援し、あわせて退所した者について相談その他の援助を行うことを目的とする施設とする。	を入所させて、これらの者を保護するとともに、これらの者の自立の促進のためにその生活を支援し、あわせて退所した者について相談その他の援助を行うことを目的とする施設とする。	に対してこれらの者が共同生活を営むべき住居において相談その他の日常生活上の援助及び生活指導並びに就業の支援を行い、あわせて児童自立生活援助の実施を解除された者に対し相談その他の援助を行う事業をいう。

出典：厚生労働省「社会的養護の現状について（平成29年3月）」を参考に著者作成
※施設数、定員、現員数は平成28年10月1日現在

3　社会的養護の施設体系

先述のように、我が国の社会的養護を要する児童は、大よそ4万5000人いる。その内、里親等へ委託される児童の割合は、2015年度末時点で約17.5%で、それ以外の82.5%の児童は施設に入所している。その社会的養護施設の種別と概要を**図表10-2**に示す。

4　社会的養護施設の現状と課題

(1) 乳児院

乳児院は、入所児の多くが人格形成に多大な影響を及ぼすとされる乳幼児期に入所し、またその多くが短期間で退所するという特性をもつ。それ故、特に子どもの心身の安定や人格形成に不可欠な愛着の形成に務め、同時に退所後の新たな環境に移る準備やアフターケアにも力を注いでいる。

(2) 児童養護施設

児童養護施設は、近年、虐待を受けた児童が増加し、入所児童の約6割が被虐待児である。また、障害等がある児童も増加しており、2013年には、入所児童のうち28.5%が「障害あり」となっている。こうした傾向から家庭復帰を含めた自立支援がより難しいものとなっており、措置延長を必要とするケースが増加している。

(3) 母子生活支援施設

母子生活支援施設は、母子ともに入所し、地域社会での自立を支援する施設である。入所後の母子の安定した生活を支え、退所に向けては、ひとり親家庭に対する支援事業等を十分に活用して自立につなげている。母の安定的な就労に加え、公営住宅の優先的入居や税制上の措置、あるいは母子家庭等日常生活支援事業等のひとり親家庭に対する支援事業を十分に活用する等して自立につなげている。

（4）児童心理治療施設

入所児童の7割以上が虐待を受けた経験をもつ児童である。加えて、軽度な知的障害や発達障害がある児童もいる。対象児童は、「心理的困難や苦しみを抱え日常生活に生きづらさを感じている子どもたちであり、心理治療が必要とされる」。

（5）児童自立支援施設

入所児童は、非行や触法行為を行った児童である。非行等の問題の背景には、家庭環境等の問題がある。社会自立に向けて、夫婦小舎制といった家庭的な環境を提供し、児童の育て直しに努めている施設もある。

（6）自立援助ホーム

入所に際しては、希望する児童自身の申請によって許可され、加えて施設生活を送る上で生活費としての費用（月3万円程度）の支払いが求められる。事業を利用する児童の多くは、社会自立に向けてさまざまな課題を抱え、何らかの支援を要していることが多く、この事業の意義は大きい。

第2節　家庭養護

1　家庭養護の推進

子どもの健全な成長発達を保障するには、特定の養育者による一貫した養育が不可欠である。施設養護は、現場支援者のたゆまぬ努力に支えられているが、同時に環境や人的に集団生活をせざるを得ない現状もある。一方で里親制度は、家庭的な環境下でより個別的に子どもの愛着を形成することが可能な制度である。現在、我が国の社会的養護は、里親やファミリーホームへの委託を優先し、里親やファミリーホームへの委託率を2019年までに22％に引き上げる目標が設定され、家庭養護の推

進が図られている。

2　里親制度の現状

2016年3月末の時点で、里親等への委託児童数は、6,234人となっている。ファミリーホーム（小規模居住型児童養育事業）とは、児童福祉法第6条の3第8項の規定に基づき、要保護児童の養育に関し相当の経験を有する者（養育里親等で養育経験のある者）等の住居において5～6人の子どもの養育を行う第2種社会福祉事業である。ホーム数は、全国に287か所あり1,261人の児童が生活している（**図表10-3**）。

3　里親の種類

里親とは、要保護児童を短期間、又は継続して長期間自宅で預かり、養育することをいう。里親には、養育里親、専門里親、養子縁組里親、親族里親の4種類があり、それぞれ里親になるための要件や対象児童等が異なる（**図表10-4**）。2016年5月の児童福祉法改正により、養子縁組里親が法定化され、さらに養子縁組に関する相談業務が速やかに行われるよう、児童相談所（都道府県）の業務として位置づけられた。

4　養子縁組

養子縁組とは親子の血縁のない者の間に、法律上、実の親子と同じ関係を成立させることをいい、普通養子縁組と特別養子縁組とがあり、制度により、その内容も異なる（**図表10-5**）。

里親制度が一定期間要保護児童を預かり養育するのに対して、養子縁組は、親子関係が成立する制度である。特に特別養子縁組は、戸籍上実子と変わらない関係となるため、子どもの最善の利益を求める一つの選択肢として縁組をあっせんする取り組みが近年盛んに行われている。厚生労働省によると、2013年度の民間事業者による養子縁組あっせん事業（第2種社会福祉事業）による、特別養子縁組の成立件数が2007年度に

図表10-3　里親等数及び委託児童数（2016年3月末現在）

里親	家庭における養育を里親に委託		登録里親数	委託里親数	委託児童数	ファミリーホーム	養育者の住居において家庭養護を行う（5〜6名）	
			10,679世帯	3,817世帯	4,973人			
	区分 （里親は重複登録有り）	養育里親	8,445世帯	3,043世帯	3,824人		ホーム数	287か所
		専門里親	684世帯	176世帯	215人			
		養子縁組里親	3,450世帯	233世帯	222人		委託児童数	1,261人
		親族里親	505世帯	495世帯	712人			

出典：厚生労働省「社会的養護の推進に向けて（平成29年3月）」1頁より抜粋

　22件だったものが、2013年度には196件と大幅な増加が見られた。特別養子縁組は、子どもにとって新たな家族が生まれる機会となるが、一方で営利目的等の悪質な事業者も現れたことで、2016年度に、事業者を都道府県による許可制とする「あっせん機関による養子縁組のあっせんに係る児童の保護等に関する法律」（民間養子縁組あっせん法）が成立した。このように家庭養護の一層の促進が図られているが、子どもと養育者のマッチングの問題等、より丁寧な取り組みが求められる。

図表10-4　里親の種類と要件

里親の種類	対象児童	要件
養育里親	要保護児童	① 要保護児童の養育についての理解及び熱意並びに児童に対する豊かな愛情を有していること ② 経済的に困窮していないこと ③ 都道府県知事が行う養育里親研修を修了していること ④ 里親本人又はその同居人が児童福祉法第34条の20第1項に定める欠落事由に該当していないこと
専門里親	要保護児童のうち 1．児童虐待等の行為により心身に有害な影響を受けた児童 2．非行等の問題を有する児童 3．身体障害、知的障害又は精神障害がある児童	① 養育里親の要件①〜④まですべてに該当すること ② 次の要件のいずれかに該当すること ア、養育里親として3年以上の委託児童の養育経験を有すること イ、3年以上児童福祉事業に従事した者であって、都道府県知事が適当と認めた者 ウ、都道府県知事がア、イに該当する者と同等以上の能力を有すると認めた者 ③ 専門里親研修を修了していること ④ 委託児童の養育に専念できること
養子縁組里親	要保護児童のうち養子縁組が可能な児童	①養育里親要件の①〜④に該当していること ②養子縁組を希望すること
親族里親	要保護児童のうち次の要件に該当する要保護児童 1．当該親族里親に扶養義務のある児童 2．児童の両親その他当該児童を現に監護する者が死亡、行方不明、拘禁、入院等の状態となったことにより、これらの者により、養育が期待できないこと	① 養育里親の資格要件①及び④に該当すること ② 要保護児童の三親等内の扶養義務者及びその配偶者であること ③両親その他要保護児童を現に監護するものが死亡、行方不明または拘禁の状態となったことによりこれらの者による養育が期待できない要保護児童の養育を希望する者 ＊扶養義務のない親族が養育を希望する場合は、養育里親として適用される

出典：「里親制度運営要綱（平成25年6月）」（厚生労働省）を参考に筆者作成

第10章●子どもと社会的養護

図表10-5　普通養子縁組と特別養子縁組

	普通養子縁組	特別養子縁組
成　立	当事者の同意（契約）。15歳未満の場合は法定代理人の同意が必要	養親となる者の請求により、家庭裁判所の審判
養　親	20歳以上（単身者でも可）	25歳以上で配偶者のある者（配偶者は20歳以上）
養　子	養親より年長者でない者	原則として6歳未満
実親との関係	継続する（並存する）	終了する
戸籍上の記載	親は、実親と養親の両方が記載。養子は「養子（養女）」とされる	養親のみ記載。養子は「長男（長女）」とされる
相続権	養親及び実親の双方の相続権をもつ	実親子関係が消滅し、養親の相続権のみもつこととなる
離　縁	協議離縁が認められる	原則として認められない（虐待等特別な理由がある場合を除く）

出典：『社会福祉士国家試験のためのレビューブック』434、435頁を参考に筆者作成

【引用・参考文献】

近喰晴子監修『これだけは覚える保育士重要項目17年版』成美堂出版172頁
「社会的養護の現状について（平成29年3月）」厚生労働省
「社会的養護の推進に向けて（平成29年3月）」厚生労働省
「児童養護施設入所児童等調査結果（平成25年2月1日現在）」厚生労働省雇用均等・児童家庭局
「里親運営要綱」平成25年6月7日厚生労働省雇用均等・児童家庭局長通知
『社会福祉士国家試験のためのレビューブック2015』医療情報科学研究所編集　メディックメディア　平成26年4月19日
「平成25年度養子縁組あっせん事業者に関する調査結果の概要」厚労省
〈http://www.mhlw.go.jp/file/06-Seisakujouhou-11900000-Koyoukintoujidoukateikyoku/0000062782.pdf〉（2018.2.10最終アクセス）

（今井大二郎）

第11章　障害のある子どもへの支援

第1節　障害を理解する

1　法律と子どもの発達保障

　障害児に関する法律として、児童福祉法、障害者基本法、障害者総合支援法、発達障害者支援法、身体障害者福祉法、知的障害者福祉法、精神保健福祉法などが挙げられる。

　保育者が関わる子どもには、障害を持つ子どももおり、課題に対しての環境構成や社会資源との連携・協働をどのように行えば、子どもや家庭の力を引き出すことができるのか、法律を深く理解した上で、個々の状況に応じた支援方法を実践できることが求められる。

2　法律における定義と理念

（1）児童福祉法

　2016年改正の児童福祉法第1条には、新たに「児童の権利に関する条約の精神にのっとり」と明記され、それは「全て児童」にわたると書かれている。第4条に定義される障害児（身体に障害のある児童、知的障害のある児童、精神に障害のある児童（発達障害児を含む）、その他）に対しても、大切な命を慈しみ愛される受動的な権利と、社会参加や自己実現ができる能動的な権利を奪うことなく、一人ひとりの子どもの最善の利益を図ることを忘れてはならない。

(2) 障害者基本法

第1条には「障害の有無にかかわらず（略）〜相互に人格と個性を尊重し合いながら共生する社会を実現するため、障害者の自立及び社会参加の支援等のため（略）〜総合的かつ計画的に推進する」とある。また、第2条には「障害者とは、身体障害、知的障害、精神障害（発達障害を含む）その他の心身の機能の障害がある者であって、障害及び社会的障壁により継続的に日常生活又は社会生活に相当な制限を受ける状態」とあり、「社会的障壁とは、事物、制度、慣行、観念その他一切のもの」と定義がある。障害があろうとなかろうと、誰でもが自分の住む地域で生活をし、自分を自由に発揮しながら社会の中の一員として人生を楽しみたい。そのような共生できる社会を実現するためには、社会的障壁をなくしていくなど、幼児期からの人々の意識改革は重要となる。

(3) 発達障害者支援法

2013年に「障害者自立支援法」を改正および名称変更した法律である。

第1条に「（略）〜障害者及び障害児が基本的人権を享有する個人としての尊厳にふさわしい日常生活又は社会生活を営むことができるよう、必要な障害福祉サービスに係る給付、地域生活支援事業その他の支援を総合的に行い」と明記されている。自立とは、1人で何もかも行うことではなく、地域にある社会資源を有効に使いながら、社会参加をし自己表現を行い、人生を豊かにしていくことである。

(4) 障害者総合支援法

「発達障害」の定義は第2条に「自閉症、アスペルガー症候群その他の広汎性発達障害、学習障害、注意欠陥多動性障害その他これに類する脳機能の障害であってその症状が通常低年齢において発現するもの」とある。文部科学省では、小・中学校の通常学級で教育的支援を必要とする発達障害の可能性のある児童生徒が6.5％程度の割合で在籍しているとしており、教職員育成も重要視されている。前段階である乳幼児期からどのように支援を行うかは大切な課題である。

3　法律における定義と支援内容

(1) 福祉サービス

「身体障害者福祉法」第4条には、「身体障害者とは、別表に掲げる身体上の障害がある18歳以上の者であって、都道府県知事から身体障害者手帳の交付を受けたもの」とある。「精神保健福祉法」第5条には「精神障害者とは、統合失調症、精神作用物質による急性中毒又はその依存症、知的障害、精神病質その他の精神疾患を有する者をいう」とある。

一般に身体障害者手帳、精神障害者保健福祉手帳、療育手帳の総称のことを障害者手帳と言い、手帳を取得することで、障害の種類や程度に応じて様々な福祉サービスを受けることができる。

「身体障害者手帳」は身体障害者福祉法、「精神障害者保健福祉手帳」は精神保健福祉法により、対象と障害の等級が規定されている。知的障害者福祉法には、知的障害の定義はされていないが、都道府県が「療育手帳」を交付している。療育手帳の等級は都道府県により異なり、手帳名も「愛の手帳」「みどりの手帳」などの名称がある。

また、障害者総合支援法に基づいての障害者や難病患者を対象にした福祉サービスがある。手帳を持たない場合でも審査の結果により、日常生活の介護支援を行う「介護給付」、自立生活や就労を目指す人を支援する「訓練等給付」等を利用することができる。

(2) 経済的支援

「特別児童扶養手当等の支給に関する法律」の第1条には「精神又は身体に障害を有する児童について特別児童扶養手当を支給し、精神又は身体に重度の障害を有する児童に障害児福祉手当を支給するとともに、精神又は身体に著しく重度の障害を有する者に特別障害者手当を支給することにより、これらの者の福祉の増進を図る」とあり、第2条には「この法律において障害児とは、20歳未満であって、障害等級に該当する程度の障害の状態にある者をいう」と記されている。

第2節 人権とは

1 ノーマライゼーションの理念

　ノーマライゼーションは、1950年代にデンマークの知的障害者の親の会による運動から生まれ、バンク＝ミケルセン（N.E.Bank-Mikkelsem1919〜1990）が提唱し、ニーリエ（B.Nirje1924〜2006）、ヴォルフェンスベルガー（Wolf Wolfensberger1934〜2011）」らによって発展した理念で、誰もが当たり前の生活、普通の生活をしたいという願いを実現することである。大型施設に収容された生活環境で、自由に戸外に行けず、食事や睡眠も時間通りの集団単位である生活を想像してほしい。障害の有無や程度に関係なく、誰もが持つ権利を享受できる社会は当然である。

　例えば、わが国でも障害児者が家の奥に隠されていた「隔離・排除」の時代があり、これらを経て、障害児教育としての「分離教育」がある。学校教育法改正（2006）により、それまで「特殊教育」として行われてきた盲学校、聾学校、養護学校等の分類が特別支援学校に再編された。

　「障害者の権利に関する条約」の批准（2014）により、地域社会への参加、協働、共生などが明確となり、「統合教育（インテグレーション）」からさらに進めた「インクルーシブ教育」が重要視され、文部科学省では、インクルーシブ教育システムの構築として、学校における合理的配慮の充実に関する調査研究、特別支援学校機能強化モデル事業、学校における交流及び共同学習を通じた障害者理解（心のバリアフリー）の推進事業等も行っている。

　乳幼児期から地域の友達とともに同じフィールドで遊び学ぶことのできる場と個人に応じた支援とともに、社会における人間の多様性に対する尊重と意識の強化は、教育に限らずすべての面において重要な視点である。

2　ICFの理念

　WHOによる1980年の国際障害分類（ICIDH）では、「機能障害」「能力障害」「社会的不利」というマイナスの一方通行であらわしていたが、2001年の国際生活機能分類（ICF）では、「心身機能・身体構造」「活動」「参加」「環境因子」「個人因子」で構成した。これは、生活のし辛さや困った状況を本人の障害にだけ原因があるとせずに、本人を取り巻く環境整備を行うことで活動や参加ができることに着目したものである。

　例えば、下肢麻痺による車イス使用により隣駅の喫茶店に行くことができない。はたしてそうなのか。考えてほしい。駅に車イス用のエレベーターがあり、電車や道路、店内がフラットで、十分なスペースのトイレもあるとどうだろう。あるいは重度で寝たきりでも適切な支援があれば、大学で学ぶこともできるし、海外に行くこともできる。このように総合的なサービスや支援の充実により、自立や社会参加は可能になる。

3　社会参加と共生

　子ども・子育て支援法（2012）第2条では「全ての子どもが健やかに成長するように支援するものであって、良質かつ適切なものでなければならない」と規定し、「障害者差別解消法」（2016年施行）では、全ての国民が障害の有無によって分け隔てられることなく、相互に人格と個性を尊重し合いながら共生するとされ、「合理的配慮」を規定している。

　わが国においては、ソーシャル・エクスクルージョン（社会的排除）からソーシャル・インクルージョン（社会的包含）、ウェルビーイング（人権の尊重や自己実現）などへの社会意識の変容が行われつつある。保育者は本人の意欲や主体性を育むには何が必要となるのかを包括的に捉え将来を見通してアセスメントするとともに、共に学び遊ぶ中での意識の深まりを通して、社会の人々の意識をも高めていく役割も担っている。

第 3 節　障害のある子どもと家庭への支援

1　子どもと家庭への支援

障害のある子どもには、家庭で生活をする子どももいれば、施設内で生活をする子どももいる。どのように重度の障害であろうとも、どこで生活をしていようとも、子どもたちが安心し、周囲の環境と十分にかかわり、発達段階に応じた一貫した支援を行うことが重要である。

障害のある子どもの心身や生活環境の状況は多様であり生活ニーズは個別に異なる。保護者や家族のおかれた心身や生活状況もまた個別に異なる。これらに対応するためには、①子どもや保護者の持つ力を引き出す②保護者と信頼関係を結び共に育てる③家庭機能向上を図る④他の職員や地域の資源と連携・協働できる⑤システムや制度を十分活用できる、などの知識や技術が必要となる。

2　家庭で生活をする子どもへの支援

子どもの発達は、保護者や家庭との連携が何よりも大切である。保護者は、診断名がつかない不安や兄弟姉妹間の悩みなど、将来の見通しが立たず多くの不安も抱えていることが多い。それらを理解し支えながら信頼関係（ラポール）を構築し、子どもの育ちをともに喜び合う中で、保護者自身の力を引き出すこと（エンパワメント）は重要となる。

それまでの発達経過やその後の見通しについては、関係機関と連携や協力を行い長期的な視点で取り組む必要があるため、地域の社会資源を把握しておくことも必要である。

障害の早期発見・対応には、妊産婦健診、乳児健診、1歳6ヶ月児健診、3歳児健診、就学時健診、また、保健所、福祉事務所・家庭児童相談室、児童相談所、児童委員等による相談支援がある。

障害児を育てる親同士による情報交換やピア・カウンセリング、家族

会等での兄弟姉妹に対する支援や相互交流、レスパイトケアなどは、心を癒して次への力の源となるものである。また、親育ちの支援プログラムに参加したり、児童発達支援センターや放課後等デイサービスの紹介などは安心につながる。居宅介護（ホームヘルプ）、同行援護、行動援護、短期入所（ショートステイ）等の介護給付や、医療費の自己負担分を助成する自立支援医療や補装具費の支給等は、身体的、精神的、経済的にも助かるものである。

　保育者は、このような情報提供を保護者に十分に行いながら、加配保育士との協力や保育所等訪問支援事業でのアドバイスを受け、個々の子どもの発達や個性に応じて、多様な体験や経験ができるように工夫をしなければならない。例えば、弱視の子どもがぬり絵に興味を持った時の工夫、難聴や肢体不自由の子どもが日々の遊びを楽しみ、興味や関心をもって多くのことにチャレンジできる工夫、子ども同士がかかわりながら楽しめる遊びへの工夫など、包括的な支援をする必要がある。さらに、他児やその保護者に対しても、互いに育ち合う姿を伝えることにより、地域で共に生きる意識を育むことも保育者の重要な役割である。

3　施設で生活をする子どもへの支援

　障害児入所施設には、身体に障害のある児童、知的障害のある児童、精神に障害のある児童（発達障害児を含む）、肢体不自由児、重症心身障害児などが、親元を離れ生活をしている。また、児童養護施設等にも障害を持つ子どもが生活をしている。厚生労働省の入所児童等調査結果（2013年）をみると「障害等あり」の割合は、養護施設児28.5％、情緒障害児72.9％、自立施設児46.7％、乳児院児28.2％であり、「虐待経験あり」の割合は、順に59.5％、71.2％、58.5％、35.5％であり、施設で生活する子どもには、虐待を受けた障害児がいることが明らかとなっている。（情緒障害児短期治療施設→現：児童心理治療施設）

　個々の子どものニーズは多様であり、子どもの最善の利益の尊重、意

見表明権の尊重、アドボカシー（権利擁護）機能の充実など、広い観点から子どもの成長・発達を支援する必要がある。将来も踏まえて地域の一員として安心した生活ができるためにも、エビデンス（根拠）に基づいた支援を行い、QOL（生活の質）の向上を目指すことが必要となる。

4　今後の展開

　妊娠期から子育て期にわたる切れ目ない支援として、①妊婦健康診査②乳児家庭全戸訪問事業③養育支援訪問事業などに加え、④子育て世代包括支援センターが、2020年には全国設置の予定である。保育所関連では、障害児保育の拡充、療育支援加算の創設、障害児保育におけるリーダー的職員の育成、保育所等訪問支援や巡回支援専門員への一部補助、ペアレントプログラムなどの導入が検討されている。

　また、ファミリーホームを家庭養育に限定するため、一時保護里親、専従里親などの里親が2021年度を目途に創設され、障害のある子どもなどニーズの高い子どもへのパーマネンシー保障が示されている。

　このように切れ目のない支援を行うことは、子どもの成長や発達、人生において重要となる。家庭は子どもの発達の原点であり出発点である。保育者は、障害をもつ子どもも含め全ての子どもが、楽しく多くのことを経験し挑戦できるように、保護者がゆったり感を持って、子どもの成長に喜びや生きがいを感じることができるよう支援しなければならない。

【引用・参考文献】

厚生労働省「保育所等における障害のある子どもに対する支援施策について～子育て世代包括支援センター業務ガイドライン（2017.8）」

（長瀬啓子）

第12章 非行少年と社会生活への適応が困難な児童の支援

第1節 社会になじめない子どもたち

1 「問題行動」の捉え方

　子どもは安心・安全な環境で育まれることによって、心身ともに成長していく。その発育・発達状況により、またその子どもの特徴により必要となる事柄は異なるため、親を含め養育者は子どもの状況に合わせた養育が求められる。子どもは養育者との関わりを基盤として、心身の成長が促され、社会性を身につけていく。ただし養育者の誰もが状況に合わせた適切な養育を提供できるわけではない。養育者自身の生活上の課題や養育者を取り巻く環境、子ども自身の持つ特徴により、困難を抱える可能性は、現代社会で養育を行う際にはつきものである。養育者が意図していなくても、こうした困難により養育内容が不適切になってしまうことはある。そして非行や社会生活への適応が困難であるなどの「問題行動」の背景には成長過程における不適切な養育が要因となっていることが少なくない。

2 不適切な養育環境による影響

　現在、児童自立支援施設に入所している子どものうち58.5％が、情緒障害児短期治療施設（現　児童心理治療施設）に入所している子どものうち71.2％が、被虐待経験を有している。この施設の利用児童が「不良行為をなし、またはなす恐れのある児童」であることを考えると、被虐

待経験が非行や社会生活への適応が困難となることの大きな背景になっていると考えられる。また、障害の有無については、それぞれ「障害等あり」が46.7％、72.9％であり、子どもの障害に起因する養育への負担が、虐待などの不適切な養育態度を生じさせたと考えることもできる。

　一般に被虐待経験によって子どもたちは、身体、知的発達面、心理的な面において影響を受けるとされ、中でも心理的影響には、「対人関係の障害」「低い自己評価」「行動コントロールの問題」「多動」「心的外傷後ストレス障害」「偽成熟性」「精神的（に病的な）症状」などがある。これらは非行の要因ともなり得るし、社会生活への適応を困難にする要因ともなり得る。つまり、子どもたちにとって「問題行動」とされているものは、提供された環境において必然として生じたものである。言い換えれば、養育者が子どもたちに「問題行動」を起こさざるを得ない状況を生じさせたのである。

第2節　非行少年への支援

1　少年法の考え方

　犯罪行為または非行行為を行う子どもへの対応について定めているのは少年法であり、その対象となる少年は20歳に満たない者と規定している。少年を20歳以上の大人と区別しているのは、少年が民法上、未成年であり、親の親権下にあるためである。未成年者は親などの法定代理人の親権に服することとされており、法的行為を独立して行うことができない存在として位置づけられている。親の監護のもとにあるため法的に制限がなされているが、同時に守られているということを意味する。

　そのため少年法では、「この法律は、少年の健全な育成を期し、非行のある少年に対して性格の矯正及び環境の調整に関する保護処分を行う

とともに、少年の刑事事件について特別の措置を講ずることを目的とする。(第1条)」とされ、犯罪を犯した少年に対して刑罰が下されるのではない。大人であれば、その人の犯した罪の重さに応じた形で刑が決定されるが、少年に対しては「保護処分」が行われ、「特別の措置を講ずる」。つまり、少年の更生のために行われるのである。保護処分には、保護観察、少年院送致、児童自立支援施設等送致の3種類がある。事件の状況によっては、検察官に事件を送致することもある。

2 少年法の取り組み

犯罪行為などにより家庭裁判所の審判に付される少年を、①犯罪少年（満14歳以上で罪を犯した少年）、②触法少年（満14歳未満で罪を犯した少年）、③ぐ犯少年（保護者の正当な監督に服しない性癖があるなど、その性格又は環境に照らして、将来、罪を犯し、または刑罰法令に触れる行為をするおそれがあると認められる少年）に区別している。

犯罪少年に対して警察は、刑事訴訟法や少年法に規定する手続に従って必要な捜査を行った後、罰金以下の刑に当たる事件は家庭裁判所に、禁錮以上の刑に当たる事件は検察官に送致または送付する。

触法少年に対しては、保護者がいないか保護者に監護させることが不適当と認められる場合、児童相談所に通告する。その他の場合には、保護者に対して適切な助言を行うなどの措置を講じている。

ぐ犯少年の場合は、年齢によって異なる。18歳以上20歳未満の場合、警察は少年を家庭裁判所に送致している。14歳以上18歳未満の場合は事案の内容や家庭環境から判断して家庭裁判所か児童相談所のいずれかに送致または通告する。14歳未満の場合には児童相談所に通告するか、その非行の防止を図るために特に必要と認められる場合には保護者の同意を得た上で補導を継続的に実施する。

なお、こうした非行少年への保護処分等に関わる施設には主に以下のようなものがある。

(1) 少年院

少年院は、家庭裁判所から保護処分として送致された少年に対して、その健全な育成を図ることを目的に、矯正教育、社会復帰支援等を行う施設である。

(2) 少年鑑別所

少年鑑別所は、①家庭裁判所の求めに応じて鑑別対象者の鑑別を行う

図表12-1：非行少年発見から家庭裁判所送致まで

犯罪少年	ぐ犯少年			触法少年	要保護児童
14歳以上20歳未満	18歳以上20歳未満	14歳以上18歳未満	14歳未満	14歳未満	18歳未満

※保護者がいないか、または保護者に監護させることが「不適当」

出典：内閣府（2017）『平成29年度版　子供・若者白書』p.103

こと、②観護の措置が執られて少年鑑別所に収容される者等に対して健全な育成のための支援を含む観護処遇を行うこと、③地域社会における非行および犯罪の防止に関する援助を行うことを業務とする施設である。

(3) 少年非行への対策

非行防止の取り組みも行われている。警察では、少年の規範意識の向上および社会との絆の強化を図るため、問題を抱え非行に走る可能性がある少年に積極的に連絡し、地域の人々と連携した多様な活動機会の提供や居場所づくりのための取組などによってその立ち直りを図る「少年に手を差し伸べる立ち直り支援活動」を推進している。また、職員の学校への派遣や少年警察ボランティアなどの協力による非行防止教室や、相談窓口を設けている。

また、問題行動の初期段階における対応も行われている。警察では全国に設置された少年サポートセンターを中心に、警察が委嘱する少年警察ボランティアなどと連携し、繁華街や公園といった非行が行われやすい場所において、家出少年などの発見・保護活動および深夜はいかいなど、不良行為少年に対する補導活動を推進し、問題行動を早期に発見して、少年とその保護者に対する助言・指導を行っている。

第3節 社会生活への適応が困難な児童への支援

1 社会生活への適応が困難な人々

「ふだんは家にいるが、近所のコンビニなどには出かける」「自室からは出るが、家からは出ない」「自室からほとんど出ない」「ふだんは家にいるが、自分の趣味に関する用事の時だけ外出する」に該当する、いわゆる引きこもりの人たちは54万1千人と推計されている（対象15〜39歳、2015年12月調査）。

一方で小・中学生の不登校生徒数は、それぞれ2万7000人と9万8000人を超える（平成27年度）。不登校になったきっかけと考えられる状況について、小学校では、不安など情緒的混乱や、無気力、親子関係をめぐる問題があげられる。中学校では、不安など情緒的混乱、無気力、いじめを除く友人関係をめぐる問題が挙げられる。
　背景は家庭環境や障害などさまざまだが、多くの若者たちが社会での生活に何らかの困難を抱えている状況が表れている。

2　ひきこもりの支援

　厚生労働省は、保健・医療・福祉・教育・雇用といった分野の関係機関と連携して、ひきこもり専門相談窓口としての機能を担う「ひきこもり地域支援センター」の整備を推進している。また、地域に潜在するひきこもりを早期に発見し、ひきこもりを抱える家族や本人に対するきめ細やかな支援が可能となるよう、継続的な訪問支援などを行う「ひきこもりサポーター」を養成し、市町村が家族や本人へサポーターを派遣する事業を行っている。ひきこもりはその背景が多様であることから、精神保健福祉センターや保健所、児童相談所等において、医師や保健師、精神保健福祉士等、多機関・多職種による相談・支援を行っている。

3　不登校の子どもの支援

　不登校の子どもへの支援においては、未然防止や早期発見・早期対応の取組や、学校が家庭・地域・関係機関と連携した取組に加え、子供の悩みや不安を受け止めて相談に当たる相談体制の整備が重要である。
　学校からの働きかけについては、登校を促すため、電話をかけたり迎えに行くなどの働きかけや、家庭訪問で学業や生活面での相談に乗るなどの働きかけ、スクールカウンセラー等による専門的な働きかけが有効であると考えられる。一人ひとりの子どもが抱えるさまざまな課題に対して、適切に把握し、きめ細かく支援することが必要である。

図表12-2：家庭裁判所における調査・審判から社会復帰まで

```
                          家庭裁判所による受理
                                 ↓                    ←→  観護措置決定
                              調査                         ↓
                        （家庭裁判所調査官）           少年鑑別所
                                 ↓
                          審判開始決定          審判不開始決定
                    試験観察 ←→    ↓
                              審判
    ┌──────┬──────┬──────┬──────┐
  検察官送致  少年院  保護観察  児童自立      不処分
    決定    送致決定  決定   支援施設等      決定
                              送致決定
    ↓        ↓       ↓          ↓
  検察官    少年院   保護観察所   都道府県知事
    起訴                        児童相談所所長
    ↓                           送致決定
  刑事裁判所                       ↓
                                児童福祉法
                                 の措置
   矯正教育  保護観察              ↓
                              児童自立支援施設
   地方更生保護委員会              ・児童養護施設

  罰金等 執行猶予 懲役禁錮実刑
       懲役禁錮
              少年刑務所
              保護観察所
               保護観察
   仮釈放    仮退院
   保護観察所  保護観察所
   保護観察   保護観察   退院
   猶予期間経過 猶予期間経過 出所

                     社会復帰
```

出典：内閣府（2017）『平成29年度版　子供・若者白書』p.103

また、不登校の子どもたちが通う学校以外の場所（フリースクール等）における働きかけも重要である。こうした場所は不登校の子どもたちが家族以外の人々との交流を可能にする場であり、重要な役割を担っていると考えられる。学校に行かせなければならないという考えに固執せず、不登校の子どもたちにとって「今、何を提供することが必要なのか」を考える必要がある。ただし、教育機会の確保は子どもにとっての権利であり、どのように保障していくかという視点も忘れてはならない。

【引用・参考文献】

警察庁「平成28年における少年非行、児童虐待及び児童の性的搾取等の状況について」2017年
　〈https://www.npa.go.jp/news/release/2017/20170309_01.html〉
　（2017.12.13確認）
厚生労働省「児童養護施設入所児童等調査結果（平成25年2月1日）」2015年
〈http://www.mhlw.go.jp/st/houdou/0000071187.html〉（2017.12.13確認）
社会的養護第三者評価等推進研究会「児童自立支援施設ハンドブック」厚生労働省雇用均等・児童家庭局家庭福祉課2014年
厚生労働省「子ども虐待対応の手引き（平成25年8月改正版）」厚生労働省雇用均等・児童家庭局総務課、2013年
内閣府「子供・若者白書　平成29年版」日経印刷、2017年
内閣府「若者の生活に関する調査報告書」2016年〈http://www8.cao.go.jp/youth/kenkyu/hikikomori/h27/pdf-index.html〉（2017.12.13確認）
文部科学省「平成27年度　児童生徒の問題行動等生徒指導上の諸問題に関する調査」2016年
　〈 http://www.mext.go.jp/b_menuhoudou/28/10/1378692.htm〉
　（2017.12.13確認）

（和田上　貴昭）

第13章 母子保健と子どもの健全育成

第1節 母子保健

1 母子保健のあゆみ

　母子保健は、思春期から母性に関わる（受精～育児）時期の健康の保持・増進と、乳幼児の心身の健全な発達を促すための取り組みをいう。母子保健法や児童福祉法、母体保護法等と関連して実施されている。

　日本での母子保健サービスの初期の目的は、乳幼児や妊産婦の死亡率改善と予防であった。1937（昭和12）年、保健所法が制定され、妊産婦相談が強化された。母子保健は、時代の社会的状況に応じて変革された。1943（昭和18）年、妊産婦手帳制度（現在の母子健康手帳の祖）や妊産婦登録制度によって妊娠の早期届出や、妊婦の健康管理が図られた。

　戦後、衛生面や栄養面の劣悪さが、妊産婦や乳幼児の健康状態にも影響した。1947（昭和22）年、児童福祉法が制定され、児童および妊産婦の健康の保持増進、児童の疾病障害に対する指導療育が図られた。その一環として、1948（昭和23）年より、母子衛生事業が勧められ、妊産婦手帳では、小児期まで拡大し「母子手帳」と改められた。

　児童福祉法の下では、母子の健康保持・増進が体系化されず、妊産婦の死亡率は諸外国に比べ高かった。母子保健の焦点は妊産婦および新生児・未熟児死亡率の改善へと移行し、1958（昭和33）年、未熟児の育成医療と保健指導の制度化、母子健康センター設置により施設内分娩が推奨された。1961（昭和36）年、新生児訪問の制度化、妊産婦と乳幼児の

健康管理が強化された。1965（昭和40）年母子保健法が制定され、思春期からの一貫した女性の健康管理を目指すことになった。これにより、母子保健が、母子一体の総合的体系として推進されるようになった。「母子手帳」は「母子健康手帳」という名称となり、健康診査や保健指導などの体系的な事業構築が図られた。

1996（平成8）年、リプロダクティブ・ヘルス／ライツ（性と生殖に関する健康と権利）の確立のために、母体保護法が制定された。

このようにして、法的基盤が整備され、母性涵養から乳幼児の健全育成まで、一貫した母子保健サービスが展開されてきた。

現在、次世代育成支援のための各施策の整合性を図る上から、予防接種法、学校保健安全法、健康増進法、次世代育成支援法、少子化社会対策基本法、発達障害者支援法などの法的根拠や「健やか親子21」「子ども・子育て応援プラン」「新たな少子化対策について」などを勘案して、子育て支援や母子の生活環境の向上など、予防的・総合的施策を展開している。

2　母子保健施策

母子保健施策は、**図表13-1**に示したように、体系的に実施されている。

(1) 健康診査等

①妊産婦健康診査

安心で安全な出産のために、妊産婦の健康状態や胎児の発育状況を定期的に診査する。妊娠23週までは、毎月1回、妊娠24週以降は2週間に1回、妊娠36週以降は毎週1回、平均14回の受診を勧められている。

②乳幼児健康診査

市町村が乳幼児に対して行う健康診査であり、乳幼児の病気予防と早期発見、健康の保持を目的としている。子育て相談の援助をすることも担っている。費用は、国・自治体負担であり無料である。

乳児の健康診査の対象月齢は市町村によって異なる。うち2回は市町村から医療機関へ委託し実施する。

図表13-1　母子保健対策の体系

区分	思春期	結婚	妊娠	出産	1歳	2歳	3歳
健康診査等				●妊婦健康診査	●乳幼児健康診査	●1歳6カ月児健康診査	●3歳児健康診査
				●新生児スクリーニング ・先天性代謝異常等検査 ・難聴検査			
				○産婦健康診査			
保健指導等			●妊婦の届出および母子健康手帳の交付				
			●マタニティマーク配布				
			●保健師等による訪問指導等 ───────────────────────→				
				○乳児家庭全戸訪問事業（こんにちは赤ちゃん事業）			
	←─○養育支援訪問事業──────────────────────────────→						
	←─母子保健相談指導事業──────────────────────────→						
			（両親学級）	（育児学級）			
	←─○生涯を通じた女性の健康支援事業──────────────────→						
	（女性健康支援センター・不妊専門相談センター・HTLV-1母子感染予防対策の推進）						
			●子どもの事故予防強化事業 ──────────────────→				
	←─●思春期保健対策の推進───→						
	←─●食育の促進───→						
療養援護等			●未熟児養育医療 ──────→				
		○不妊に悩む方への特定治療支援事業 ──────→					
			○結核児童に対する療育の給付 ──────→				
			○代謝異常児等特殊ミルク供給事業 ──────→				
		○健やか次世代育成総合研究事業（厚生労働科学研究費）──────→					
		○成育疾患克服等総合研究事業（日本医療研究開発機構研究費）──→					
医療対策費		○妊婦・出産包括支援事業（子育て世代包括支援センター、産前・産後サポート事業、産後ケア事業等）					
					○子どもの心の診療ネットワーク事業		
					○児童虐待防止医療ネットワーク事業		

注：○国庫補助事業　　●一般財源による事業
（出典）厚生労働統計協会編「厚生の指標増刊　国民衛生の動向 2017/2018」Vol.64、No.9、2017 年、PP.114

幼児は、1歳6カ月、3歳児に対して実施することが義務付けられている。1歳6カ月ごろは、身体、言語、精神発達の検査が容易であり、異常を早期発見しやすい。3歳児ごろは、視覚、聴覚、運動、発達等の障害、その他の異常を早期発見し、健康の保持・増進を図りやすい。

③**新生児マススクリーニング**

すべての新生児を対象とし、先天性代謝異常や先天性内分泌疾患を早期発見、早期治療を目的とする血液検査である。生後4〜6日ごろに行い、早期発見・治療によって、心身障害の発生の予防が可能となる。

④新生児聴覚検査

聴覚障害の早期発見と、適切な対応（療育指導等）を講じる目的で、出産後の産科医療機関入院中に聴力検査（自動聴性脳幹反応検査）を行う。

⑤B型肝炎母子感染防止対策

母親がB型肝炎ウィルスに感染していると、出産時に産道で血液を介して乳児に感染する。将来、慢性肝炎や肝硬変等を発症するリスクがあるため、妊婦がB型肝炎抗原検査で陽性の場合、高力価HBsヒト免疫グロブリンとB型肝炎ワクチンを投与し、感染を防止する。

(2) 保健指導等

①妊娠の届出および母子健康手帳の交付

妊娠した女性は、診断後、市町村に妊娠届を提出すると、母子健康手帳が交付される。母子健康手帳は、母子の健康記録になっており、妊娠中の経過、出産状況、子どもの出産から小学校入学までの発育状況、予防接種状況を記入するようになっている。

2006年に妊娠・出産に関する安全性と快適さの確保を目指しマタニティマークが発表され、普及啓発に取り組んでいる。

②保健師等による訪問指導等

母子保健法で、妊産婦、新生児、未熟児を対象とした保健指導を行っている。必要に応じて助産師、医師、職員も家庭訪問する。

③乳児家庭全戸訪問事業（こんにちは赤ちゃん事業）

生後4カ月までの乳児のいる家庭へ訪問し、親子の心身の状況の把握、育児相談、情報提供、助言を行い育児家庭の孤立を防ぐ。

訪問者は、保健師、保育士、児童委員、母子保健推進員等である。

④母子保健相談指導事業（両親学級、育児学級）

個別的な妊娠、出産、育児および健康に関する相談や、集団での保健教育の支援を行う。

⑤生涯を通じた女性の健康支援事業

思春期から更年期の女性を対象に、健康状態に応じた自己管理が行え

るようにする。（健康教育事業、女性健康センター事業、不妊専門相談センター事業、ヒト白血病ウィルス-1（HTLV-1）母子感染対策事業）。

⑥子どもの事故予防強化事業

保護者の意識啓発の取組の支援を行い、事故予防の強化を図る。

⑦思春期保健対策の推進

思春期の人工妊娠中絶や性感染症、薬物乱用問題に対応するため、学校や保健所等で、健康教育や電話相談等を行い、性感染症に関する正しい知識の普及および薬物乱用対策の推進を図る。

⑧食育の推進

妊娠中や乳幼児期から食を通じて心と身体の発達を促し、健康な生活を送れるよう支援する。妊産婦等への栄養指導、授乳・離乳の支援ガイド、食から始まる健やかガイド、児童福祉施設における食事の提供ガイド等がある。

(3) 療養援護等

①不妊に悩む方への特定治療支援事業

対外受精および顕微授精について、法律上婚姻をしている夫婦の不妊治療にかかる費用の一部を助成する。

②未熟児養育医療

出生時の体重が2000ｇ以下や、療育に医療が必要な未熟児に対し、医療機関に収容して医療給付を行う。

③小児慢性特定疾病対策

小児慢性特定疾患の児童に対し、医療の確立と普及を図り、患児家族の経済的・精神的負担の軽減をはかる目的で、入院加療の医療費を公費で負担する。

④自立支援事業（育成医療）

身体に障害のある児童に対し、必要な医療（手術等）を給付するとともに、家族等からの相談支援を行う。

⑤結核児童療育医療

結核児童に対し、学習品、日用品の支給と医療を給付する。

⑥代謝異常等特殊ミルク供給事業

先天性代謝異常症等の疾患をもつ児童に対して、特殊ミルクを供給し、児童の生命の維持・障害の発生予防を行う。

(4) 医療対策等

⑤妊娠・出産包括支援事業

妊娠期から子育て期までの支援が切れ目なく行われることを目的としている。産前・産後サポート事業として、妊産婦の孤立感を解消し、産後ケア事業として、心身のケアや育児サポート等を行う。

⑥子どもの心の診療ネットワーク事業

さまざまな子どもの心の問題、児童虐待や発達障害に対応するため、都道府県における拠点病院を中核とし、地域の医療機関や保健福祉教育関係機関（児童相談所、保健所、市町村保健センター、要保護児童対策地域協議会、発達障害者支援センター、児童福祉施設及び教育機関等）と連携した支援体制づくりを行う。

⑦子どもの虐待防止医療ネットワーク事業

各都道府県等の中核的な医療機関が中心となって、児童虐待対応のネットワークづくりや保健医療従事者の教育を行い、医療機関における児童虐待対応の向上を図る。（児童虐待専門コーディネーターの配置、児童虐待対応に関する相談への助言等、児童虐待対応向上のための教育研修、拠点病院における児童虐待対応体制の整備）。

第2節　こどもの健全育成

1　児童厚生施設

地方公共団体は、児童福祉法第1条、第2条に基づき、子どもの心身の健康増進、生活や社会への適応能力や豊かな情操育成を目的として、事業を展開している。具体的には、児童厚生施設として、児童遊園、児

童館がある。

(1) 児童遊園
児童に健全な遊びを与え、健康増進と情操を豊かにすることを目的とする屋外型（遊具・広場・便所等設置）の施設である。

(2) 児童館
児童館の種別と機能については、厚生労働事務次官、雇用均等・児童家庭局長通知によって示され、運営は、「児童館ガイドライン」に準じて行われている。

①小型児童館
小型児童館は、小地域を対象として、子どもに健全な遊びを提供し、その健康の増進と、豊かな情操の育成及び地域組織活動（母親クラブ、子ども会等）の育成の助長を図る等、子どもの健全育成に関する総合的な機能をもつ施設である。

②児童センター
児童センターは、小型児童館の機能と遊び（主として運動）を通じての体力増進を図ることを目的とする事業・設備のある施設である。また、大型児童センターでは、中学生、高校生等の育成支援を行っている。

③大型児童館
大型児童館は、原則として、都道府県内や広域の子どもたちを対象とした活動を行っている。都道府県内の小型児童館、児童センターの指導や連絡調整等の役割を果たしているA型児童館や自然環境に恵まれた地域内に設置され、子どもが宿泊をしながら、自然を生かした遊びを通じた健全育成活動を行っているB型児童館（宿泊施設、野外活動設備）がある。

2　児童健全育成事業

(1) 放課後児童健全育成事業（放課後児童クラブまたは学童保育）
放課後児童健全育成事業は、保護者が昼間家庭にいない小学生を対象に、授業の終了後、児童厚生や学校の余裕教室等の施設を利用して適切

な遊びや生活の場を提供し運営している（児童福祉法第6条3第2項）。

(2) 放課後子ども総合プラン

　子どもが小学校に就学した際に、共働き家庭等においては、安全で安心な子どもの放課後の居場所の確保が課題となっている（「小1の壁」）。また、共働き家庭の子どもに限らず、次代を担う人材育成のために、多様な体験・活動を行うことができる環境が重要である。そのため、2014年、文部科学省と厚生労働省が共同で、「放課後子ども総合プラン」を策定した。総合的な放課後対策として、厚生労働省所管の「放課後児童健全育成事業」と文部科学省所管の「放課後子供教室」を一体的あるいは連携して実施するという総合的な放課後対策事業を展開し、放課後児童クラブの「量的拡充」と「質の向上」を図っている。

【引用・参考文献】

林邦雄・谷田貝公昭監修「児童家庭福祉論」(保育者養成シリーズ) 一藝社、2010年

厚生労働統計協会編「厚生の指標増刊　国民衛生の動向2017/2018」Vol.64、No.9、2017年、PP.110-120

厚生労働省「母子保健及び子どもの慢性的な疾病についての対策」〈http://www.mhlw.go.jp/stf/seisakunitsuite/bunya/kodomo/kodomo_kosodate/boshi-hoken/index.html〉(2017,10,25　最終アクセス)

厚生労働省雇用均等・児童家庭局長通知「母子保健医療対策等総合支援事業実施要綱」平成28年1月20日

〈http://www.fukushihoken.metro.tokyo.jp/kodomo/kosodate/josei/funin/kakuju.files/youkou.pdf〉(2017.10.25　最終アクセス)

厚生労働省「放課後児童クラブ運営指針」平成27年3月31日

〈http://www.mhlw.go.jp/file/06-Seisakujouhou-11900000-Koyoukintoujidoukateikyoku/0000088862.pdf〉(2017.10.25　最終アクセス)

（糸井志津乃）

第14章　ひとり親家庭への支援

第1節　ひとり親家庭の定義と現状

1　ひとり親家庭とは

　ひとり親家庭とは、離婚や死別などを理由に配偶者のいない状況下で、子どもを養育している母子家庭および父子家庭の総称である。ひとり親

図表　母子及び父子並びに寡婦福祉法 第6条第1・2項

第6条第1項「配偶者のない女子」	第6条第2項「配偶者のない男子」
この法律において「配偶者のない女子」とは、配偶者（婚姻の届出をしていないが、事実上婚姻関係と同様の事情にある者を含む。以下同じ。）と死別した女子であつて、現に婚姻（婚姻の届出をしていないが、事実上婚姻関係と同様の事情にある場合を含む。以下同じ）をしていないもの及びこれに準ずる次に掲げる女子をいう。 一　離婚した女子であつて現に婚姻をしていないもの 二　配偶者の生死が明らかでない女子 三　配偶者から遺棄されている女子 四　配偶者が海外にあるためその扶養を受けることができない女子 五　配偶者が精神または身体の障害により長期にわたって労働能力を失っている女子 六　前各号に掲げる者に準ずる女子であつて政令で定めるもの	この法律において「配偶者のない男子」とは、配偶者と死別した男子であつて、現に婚姻をしていないもの及びこれに準ずる次に掲げる男子をいう。 一　離婚した男子であつて現に婚姻をしていないもの 二　配偶者の生死が明らかでない男子 三　配偶者から遺棄されている男子 四　配偶者が海外にあるためその扶養を受けることができない男子 五　配偶者が精神または身体の障害により長期にわたって労働能力を失っている男子 六　前各号に掲げる者に準ずる男子であつて政令で定めるもの

厚生労働省「母子及び父子並びに寡婦福祉法」より筆者作成

家庭の法的根拠として、ひとり親家庭福祉の基本法である「母子及び父子並びに寡婦福祉法」では、母子家庭の母の定義として同法第6条第1項において「配偶者のない女子」、父子家庭の父の定義として同法第6条第2項で「配偶者のない男子」と規定されている。具体的内容は**図表**の通りである。

また、同法では「児童」を20歳に満たない者を指し、「寡婦」を「配偶者のいない女子であつて、かつて配偶者のない女子として民法877条の規定により児童を扶養していたことのあるもの」とし、「母子家庭等」を母子家庭及び父子家庭と定めている。

2　ひとり親家庭の現状

（1）ひとり親家庭の世帯数と理由

ひとり親家庭の世帯数は、2016年度の「国民生活基礎調査の概況」を見ると、母子世帯の総数が71万2000世帯、父子世帯の総数が9万1000世帯となっており、ひとり親世帯の多くが母子世帯であることを示している。

ひとり親家庭になった理由として「平成23年度全国母子世帯等調査結果報告（以下「全国母子世帯等調査」という）」において、最も多いのが離婚（母子世帯〈80.8％〉、父子世帯〈83.2％〉）で、厚生労働省の「人口動態統計」の調査結果によると我が国の2016年の離婚件数は21万6798組となっており、ひとり親家庭増加の大きな要因となっている。

（2）ひとり親家庭の就業状況

つぎに、ひとり親家庭の就業状況は「全国母子世帯等調査」において母子世帯の母親の80.6％、父子世帯の父親の91.3％が就業しており、ひとり親家庭の就業率が高いことが示されている。同調査の雇用形態では母子世帯の母親において「常用雇用者」39.6％、「パート・アルバイト」47.3％、「派遣社員」4.6％、父子世帯の父親では「常用雇用者」67.7％、「パート・アルバイト」8.1％、「派遣社員」1.8％である。つまり、父子世帯と比べ母子世帯において「パート・アルバイト」「派遣社

員」といったいわゆる非正規雇用の形態の割合が高く、経済的に不安定な収入状況であり、平均年収でも291万円と非常に厳しい状況であることが理解できる。

第2節　ひとり親家庭への施策の現状

1　これまでのひとり親家庭への施策

　我が国のひとり親家庭への施策は母子家庭を中心として実施されてきた。戦後間もなく戦争犠牲者の家庭に対する支援を目的として1952年に「母子福祉資金の貸付等に関する法律」が制定された。1961年には母子家庭に現金給付する「児童扶養手当法」が制定され、1964年にはこれまでの母子家庭への施策を総合的に体系化した「母子福祉法」（現、母子および父子ならびに寡婦福祉法）が制定された。ひとり親家庭への施策は、2002年度の母子家庭支援施策の抜本的な見直しがなされるまで、児童扶養手当を中心とした経済的支援に重点がおかれていた。

　2002年に「母子家庭等自立支援対策大綱」（以下「大綱」という）がまとめられ、母子家庭への児童扶養手当中心の経済的支援から、就労・自立に向けた総合的な支援に転換された。大綱では具体的施策として①安心して子育てできるサービスと生活の場の整備、②母子家庭等の経済的自立のための就労支援、③子どものしあわせを第一に考えた養育費確保、④自立を支援する経済的支援体制の整備、⑤国、地方公共団体による総合的な自立支援体制の整備─が掲げられた。大綱に基づき、同年には「児童扶養手当法」「母子及び父子並びに寡婦福祉法」が一部改正、2008年3月末までの時限立法として「母子家庭の母の就業の支援に関する特別措置法」が制定され、ひとり親家庭への就業・自立支援の充実が図られた。また、「母子及び父子並びに寡婦福祉法」の一部改正では同

法の対象を「母子家庭及び寡婦」から「母子家庭等及び寡婦」に変更され、新たに母子家庭だけでなく父子家庭を含めたひとり親家庭への支援が法的に整備された。

2003年には地域の実情に応じて計画的な母子家庭等及び寡婦の自立支援施策を実施できるように「母子及び父子並びに寡婦福祉法」の第11条第1項の「母子家庭等及び寡婦の生活の安定と向上のための措置に関する基本的な方針（以下「基本方針」という。）を定めるものとする」に基づき、都道府県、市（特別区を含む）および福祉事務所を設置する町村は「自立促進計画」を策定することになった。現在は、平成27年度より平成31年度の5年間の計画が策定されている。

2　ひとり親家庭への施策の概要

2002年の大綱の策定にともない、ひとり親家庭への施策は①子育て・生活支援策、②就業支援策、③養育費の確保策、④経済的支援策を柱とした総合的な自立支援策――を推進している。そこで、本項では①～④の自立支援策を中心に具体的事業を取り上げ説明する。

(1) 子育て・生活支援
①母子・父子自立支援員による相談・支援

ひとり親家庭と寡婦に対して、母子・父子自立支援員によって「母子及び父子並びに寡婦福祉法及び生活一般についての相談指導」「職業能力の向上及び求職活動等の就業についての相談等」「その他自立に必要な相談支援」「母子父子寡婦福祉資金の貸付に関する相談・指導」を行う事業である。母子・父子自立支援員は母子および父子並びに寡婦福祉法に基づき原則的に福祉事務所に配置され、母子家庭等及び寡婦に対する専門的知識を必要とする事項の相談指導等に協力するものとされている。

②ひとり親家庭等日常生活支援事業

母子家庭、父子家庭および寡婦が、安心して子育てをしながら生活す

ることができる環境を整備するため、修学や疾病などにより一時的に家事援助、保育等のサービスが必要となった際に、家庭生活支援員を派遣し、又は家庭生活支援員の居宅において児童の世話などを行う事業である。

③ひとり親家庭等生活向上事業

日々の生活に追われ子どものしつけ・育児又は自身や子どもの健康管理など様々な困難に直面するひとり親家庭等に対して、以下の①～⑤までの取り組みによって、ひとり親家庭等の生活向上を図る事業である。

事業内容として①相談支援事業、②家計管理・生活支援講習会等事業、③学習支援事業、④情報交換事業、⑤子どもの生活・学習支援事業――がある。これらの支援事業を地方公共団体が地域の実情に応じて選択実施するものである。

④母子生活支援施設

母子生活支援施設は児童福祉法第38条において「配偶者のない女子又はこれに準ずる事情にある女子及びその者の監護すべき児童を入所させて、これらの者を保護するとともに、これらの者の自立の促進のためにその生活を支援し、あわせて退所した者について相談その他の援助を行うことを目的とする施設とする」と規定されている。母子生活支援施設では、母子指導員、少年指導員、嘱託医、保育士などの職員が配置され、母子への住宅提供、生活指導、就労支援、ＤＶを受けた母子への緊急避難、施設退所後の相談・支援などの役割を果たしている。

⑤子育て短期支援事業

母子家庭等が安心して子育てをしながら働くことができる環境を整備するため、市町村が一定の事由により児童の養育が一時的に困難となった場合に児童を児童養護施設等で預かる短期入所生活援助（ショートステイ）事業、夜間養護等（トワイライトステイ）事業を実施する事業である。

（2）就業支援策

①ハローワークによる支援

子育て女性等に対する就業支援サービスの提供を目的に「マザーズハ

ローワーク」「生活保護受給者等就労支援自立促進事業」「就業訓練の実施」「求職者支援事業」などの事業が行われている。

②母子家庭等就業・自立支援センター事業

母子家庭の母等に対し、就業相談から就業支援講習会、就業情報の提供等までの一貫した就業支援サービスや養育費相談など生活支援サービスを提供する事業である。都道府県・指定都市・中核市では母子家庭等就業・自立支援センター事業として実施、一般市・福祉事務所設置町村では一般市等就業・自立支援事業として上記の就業支援サービスおよび生活支援サービスのいずれかの事業を地域の実情に応じて選択して実施している。

③母子自立支援プログラム策定等事業

福祉事務所等に自立支援プログラム策定員を配置し、児童扶養手当受給者を対象として個々の児童扶養手当受給者の状況・ニーズに応じ自立支援プログラムを策定し、ハローワーク等と連携のうえ、きめ細かな自立・就労支援を行う事業である。

④自立支援教育訓練給付金

母子家庭の母及び父子家庭の父が教育訓練講座を受講し、修了した場合にその経費の一部(対象講座の受講料の6割相当額、上限20万円)を支給することにより、主体的な能力開発の取組を支援し、母子家庭及び父子家庭の自立の促進を図る事業である。

⑤高等職業訓練促進給付金

看護師などの経済的自立に効果的な資格を取得するために1年以上養成機関等で修学する場合に、生活費の負担軽減のため高等職業訓練促進給付金(月額10万円、住民税課税世帯は月額7万500円、上限3年)を支給する事業。

⑥高等学校卒業程度認定試験合格支援事業

ひとり親家庭の親または児童が高卒認定試験合格のための講座を受け、これを修了したとき、および合格したときに受講費用の一部(最大6割、

上限15万円）を支給する事業

（3）養育費確保支援

　離婚した母子家庭等で養育費の取り決めをしている世帯は少なく、養育費の取り決めをしていても途中で支払われなくなるケースも多い。そのため、養育費の取り決め書の作成を促すための「養育費に関するリーフレット」を作成し市町村に配布して、母子家庭等に養育費の取り決めに対して情報提供している。

　また、母子家庭等就業・自立支援センターに「養育費専門相談員」を配置したり、「養育費相談支援センター」を創設して母子家庭等就業・自立支援センターで受け付けた養育費に関する困難事例への対応、養育費相談にあたる人材養成のための研修などを実施するなどして、母子家庭の養育費の確保に向けた支援がなされている。

（4）経済的支援

①児童扶養手当

　児童扶養手当は、児童扶養手当法第1条により「この法律は、父又は母と同じくしていない児童が育成される家庭の生活の安定と自立の促進に寄与するため、当該児童について児童扶養手当を支給し、もつて児童の福祉の増進を図ることを目的とする」と規定された現金給付の制度である。対象は18歳に達する日以後の最初の3月31日までの間にある児童（障害児の場合は20歳未満）を監護する母、監護しかつ生計を同じくする父又は養育する者（祖父母等）である。また、2012年には支給要件に配偶者からの暴力（DV）で「裁判所から保護命令」が出た場合においても支給されることになり同手当の対象範囲が拡大されている。

　児童扶養手当法は2002年に大幅に改正され、支給される手当額が所得によって段階的に設定されるとともに所得に対する限度額も変更された。また、母子家庭の自立促進を目的として手当の受給期間を原則的に5年間とされ、その後は手当の一部を支給しないとされている。しかし、一部支給の停止は、ひとり親家庭の就業状況がいまだ不安定であるため、

2008年に政令を制定し、一定の事由に該当する場合は一部支給停止の適用を除外している。

②母子父子寡婦福祉資金貸付金

母子家庭の経済的自立を支援する制度として1953年に創設され、1969年に寡婦福祉資金、2014年に父子福祉資金が設けられている。この制度では、無利子あるいは低金利で資金を貸し付け、事業開始資金、事業継続資金、修学資金、技能習得資金、修業資金、就職支度資金、医療介護資金、生活資金、住宅資金、転宅資金、就学支度資金、結婚資金、の12種類がある。また、2002年の改正では子どもに対する貸付金は、子ども本人にも貸与できるようになっている。

【引用・参考文献】

柏女霊峰『子ども家庭福祉論』誠信書房、2010年

厚生労働省「平成28年度　国民生活基礎調査の概況」
〈http://www.mhlw.go.jp/toukei/saikin/hw/k-tyosa/k-tyosa16/index.html〉（2017.12.13最終アクセス）

厚生労働省「平成23年度全国母子世帯等調査結果報告」〈http://www.mhlw.go.jp/seisakunitsuite/bunya/kodomo/kodomo_kosodate/boshi-katei/boshi-setai_h23/〉（2017.12.13最終アクセス）

厚生労働省雇用均等・児童家庭局家庭福祉課「ひとり親家庭等の支援について」　〈http://www.mhlw.go.jp/file/06-Seisakujouhou-11900000-Koyoukintoujidoukateikyoku/0000100019.pdf〉（2017.12.13最終アクセス）

（千葉弘明）

第15章 子どもの貧困と生活困窮世帯の子どもの支援

第1節 子どもの貧困に関する法律

1 子ども・若者育成支援推進法

　2000年に入って、いじめ・不登校・ひきこもりなど孤立し社会生活に困難を抱えた子ども・若者が増加していることから、2009年7月「子ども・若者育成支援推進法」が制定された。法の目的は子ども・若者をめぐる環境が悪化し、困難を有する子ども・若者の問題が深刻な状況にあることを踏まえ、社会生活を円滑に営むための支援を行うこと、そのために下記について大綱を定めた。

　1　子ども・若者育成支援の基本的な方針
　2　教育・福祉・保健・医療・矯正・更生保護・雇用その他関連する
　　　各分野の施策
　　　・良好な社会環境整備
　　　・就学・就労をしていない子ども
　　　・若者の社会的困難に即した支援

　ニート、ひきこもりの若者が増え、高年齢化し、扶養する親たちが精神的にも経済的にも、多重な負担となっている現実が進行している。収入がない、あるいは不安定のため、国民年金が未納で将来年金受給資格がなく、老後を生活保護に頼らなければならなくなる心配がある。

　国は、各自治体が、相談センターをつくるとともに、地域の企業・N

ＮＰＯ法人・自治会と地域協議会のネットワークを組んでこの問題に取り組むことを促している。

2　子どもの貧困対策の推進に関する法律（子どもの貧困対策推進法）

　子どもの貧困率が増加、子育て世代の非正規雇用の増加で貧困の連鎖が心配なことから、2013年6月「子どもの貧困対策の推進に関する法律」が制定された。法の目的は子どもの将来が生まれ育った環境に左右されることがないよう環境整備、教育の機会均等を図ることで、下記について大綱を定めた。

1　子どもの貧困対策の基本的な方針
2　子どもの貧困率、生活保護世帯に属する子どもの高校等進学率等　子どもの貧困に関する指標・指標の改善に向けた施策
3　教育・生活・保護者の就労・経済的各支援
4　子どもの貧困に関する調査・研究

　子どもの貧困率とは「平均的な所得の半分を下回る世帯で暮らす18歳未満の子どもの割合」。厚生労働省が3年ごとに国民生活基礎調査で公表している。

　2003年に13.7％が、2012年には16.3％と増加し、この法の制定となったもので、施策が始められたことから2015年は13.9％とやや低下したが、それでも子どもの7人に1人が貧困状態の中で育っている。施策による解決が求められる。

3　生活困窮者自立支援法

　一方、2000年代に入って生活保護世帯が増加し、生活保護受給者は200万人を超えたが、その増加傾向の一因として、非正規雇用者が疾病になったとき、社会保険のセーフティネットがなくて生活保護になる場合が増えるとともに、生活困窮世帯への教育支援が不十分なため、親から子へ貧困が連鎖・再生産されている事例が指摘されるようになった。

2013年12月「生活困窮者自立支援法」が制定され、生活困窮者自立相談支援事業の実施、住居確保給付金の支給、その他の自立支援事業、就労準備支援事業、一時生活支援事業、家計相談支援事業、生活困窮者である子どもに対し学習の援助を行う事業を各自治体が行うこととなった。

行った事業については事業費の2分の1が国から交付される。

第2節 地域の子育てと学習支援、子どもの居場所づくり

1 高校就学保障

生活保護世帯の児童の全日制高校進学は1969年から認められ、2005年からは生活保護家庭で高校就学に必要な経費はすべて高校就学費生業扶助として支給される（私立高校は公立の基準の範囲、不足は奨学金による）ようになり、我が国には経済的に貧しくて高校に進学できない児童はいない仕組みになっている。

児童養護施設、児童自立支援施設においては、1989年から措置費に特別育成費が加算され、その後大半の施設で「18歳までの養護」が取り組まれている。さらに2017年度から、国は児童養護施設の児童、生活保護・ひとり親家庭（非課税世帯）の児童等の大学・専門学校進学の希望に答えて「給付型奨学金制度」を設けて、さらに学びたい児童を後押しするようになった。

2 貧困の連鎖を防ぐ

近年、国においてなぜ生活困窮世帯児童の高校・大学等の就学保障が課題となっている。1990年代の後半から全国で生活保護受給者が増えているが、その増加原因は非正規雇用の増加とともに、生活保護世帯の25％が「親から子へ」貧困が連鎖していることが分かったことである。

国や自治体は早い時期から高校就学を徹底させておけばよかった。実際、1970年代初期から県全体の高校進学率を98％に高めた富山県では、その後高校進学率全国最高、生活保護率全国最低が半世紀近く続いてきた。

すでに1970年代後半から全国的に「中学卒業就職者」の求人はほとんどなくなっていて、2016年の文部科学省の学校基本調査では「中卒女子の就職者は1/1000」で、1000人に1人なのである。にもかかわらず、中学卒業者の就職先があるものだと国民の多くは思ってきたことが貧困の連鎖を作ってきた一因である。。

2013年6月成立の「子どもの貧困対策推進法」の大綱には「子どもの貧困率、生活保護世帯に属する子どもの高等学校等進学率等、子どもの貧困に関する指標及び当該指標の改善に向けた施策（を行うこと）」が明記され、生活保護世帯の児童の高校進学率が、一般の児童の高校進学率と差があってはならないとし、差がなくなるように対策を行うことを求めている。制度としては全員が高校へ行けるのに、各種調査で生活保護世帯の高校進学率は90％にとどまっている自治体も多い。このことを放置したなら、貧困の連鎖が繰り返され、生活保護世帯に育った児童が成人になったとき、再度生活保護世帯となる確率が高くなる。

3　なぜ学習支援が必要か

生活保護世帯・ひとり親世帯等生活困窮世帯の児童の高校就学が世帯全体の自立に果たす効果は決定的に大きい。生活困窮世帯の場合、子どもが高校卒業後の就職によって世帯のくらしは改善される場合が多い。一方で高校不進学の場合は、その多くが就職は困難で無職状態となって生活苦の親元から金品を持ち出すため、世帯の生活苦は輪を掛けてむごくなり、弟妹の学力、健康にも影響し、さらに家庭が崩壊していく。今日の社会で、貧困世帯にとって、経済的に一番費用がかからないのは子どもが高校に通うことである。

さらに、進学することで親子の対話が生まれ、親が就労等を見直す

きっかけとなって、家族の生活が再建できる。子どもが将来に貧困の連鎖・再生産を繰り返さないことだけでなく、世帯全体の社会的自立の観点からもこれらの子どもへの高校就学援助の徹底が求められるようになった。

4 学習支援はどのような所か（事例）

2009年千葉県Y市の学習支援「若者ゼミナール」最初の年、生活保護受給母子世帯のA君は「自分は小学生の時から『自分んちは貧しく高校へ進学できない』と思ってきた。高校進学は考えたことはなく、家に帰って勉強したことは中学生になってからは一度もない」。そのA君は週1回のゼミナールに通ってきて3回目、「今まで数学も英語も全然できなかったが、勉強が面白くなった」彼はずっと通い続けて高校合格、高校進学後は数学と英語が得意科目になった。

2014年11月末に中3の兄とともにゼミナールに来た中1のB君は、どの科目のやさしい問題も解けなかった。やむをえず白紙に鉛筆で世界地図を書き、5大陸の名前を地図に記入させ、次回は繰り返し記入させた。その彼は期末テストが終わった3回目「自分は今まで350人中350番だったが、今回310番になった」と喜んで報告に来た。嬉しくてたまらない表情で、その後ゼミナールに通うようになった。

学習支援ではこうしたことが繰り返されている。この市では毎年約20名の生活困窮世帯の中学3年生のうち学力が遅れがちな約10名がゼミナールに通っている。市生活支援課では非常勤の「家庭・就学支援相談員」を置いて、ケースワーカーと相談しながら中学生にゼミナール参加を呼びかけて、親子との連絡調整に当たっている。夏には保健センターの栄養士等に依頼して料理教室を開くなど生活力を身につけることも重視している。

毎年3月末、このゼミナールでは「春を祝う会」を開催する。そこには高校入学を決めた中学3年生、高校在学中もゼミナールによく顔を出

して就職を決めた高校3年生、このゼミナールに週1ボランティアとして中学生に対峙しながら就職を決めた大学4年生、の3つの祝いが毎年行われている。

なお、2016年2月10日付文部科学省生涯学習政策局長、厚生労働省雇用均等・児童家庭局長、同社会援護局長名で、各都道府県知事・市長、教育委員長あて「学習支援におけるボランティアの参加促進について（依頼）」が出されている。学生の皆さんは、学習支援ボランティアに名乗り出てほしい。

第3節　母と子のくらしと支援
（父と子の場合も同様です）

1　「働いても貧困、日本はOECD諸国で一位の貧困率」

わが国の18歳までの子どもの1割がひとり親家庭で育っている。2012年度の子どもを育てている世帯の貧困率は、夫婦世帯で12.4％であるが、ひとり親世帯では54.6％になっている。就労中のひとり親世帯の貧困率はOECD諸国の平均が20.9％であるが日本は50.8％で、就労している母子世帯の就労収入の平均は年間181万円で、「働いても貧困、日本の母子世帯はOECDの中で著しく貧しい」（国連調査による）。

2　100万母子世帯が年収365万円以下の暮らし

123万母子世帯のうち100万世帯は、わずかな児童手当と児童扶養手当を合わせて、就学援助費（学校給食費や修学旅行費等）を自治体に負担してもらって、生活保護基準額前後の収入で生活しており、その9割に当たる90万世帯は生活保護を受給しないで子どもを育てている。低収入にもかかわらず、生活保護を受けていない理由は「どうしょうもなくなったときに生活保護を申請する」と調査で答えていて、ひとり親世帯の医療費助成制度があることから、母親（父親）本人が医療費を必要とした

ときも医療費の心配がないことが大きな要因になっている。

ただし、多くの母子世帯が家賃・アパート代の支払いに困窮しており、そのために夜間子どもだけの留守家族にして、ダブルワークをされている母親も近年多くなっており、危険と隣り合わせの生活をしている家庭も多い。家賃軽減のため、母子生活支援施設や公営住宅への入居が望まれる。

生活保護受給母子世帯の場合、各種調査においてその4割が中学卒業高校不進学、または高校中途退学という高校就学の不徹底によるものであり、3分の1の世帯は生活苦等から精神疾患の病を抱えて家事・育児をしながら通院している深刻な状態になっている。

第4節 母と子の暮らしの相談と支援

ここでは、母子世帯の暮らしはどのようなものか、どのように子育てをしているか、子育てでの難しさはどんなことか、アンケートと聞き取り調査の中から、死亡・離別直後に母親が解決しているさまざまな段階の一部を紹介する。

1、死別・離別にともなう住まいの確保は、そのための資金の確保や「子供の声がうるさい」などで、容易には住まいが借りられないこともある。元夫の暴力や嫌がらせがつづくため、転居先を遠くにする場合も少なくない。とりあえずのアパートの確保とともに、公営住宅募集の際の申し込みを欠かさないことも大切である。
2、転居にともなう子供の転校等の諸手続きとともに子供に離別の理由と環境の変化を理解させておくことが大切である。子ども自身は納得できれば、新しい環境に積極的適応していける。生活費のこともきちんと伝え、子供自身の疑問をもたないように説明しておくことも大切である。

3、小学校低学年までの子供の保育所入所や学童保育（放課後児童クラブ）の入所等、母親の就労の決断とともに子供の預け先を確保することから、就労先探しができる。保育所の入所は、入所を決める市町村の係員に実情を話して、自宅から一番近い保育所を希望しよう。

4、就労先、あるいは条件の変化にともなう転職先を確保する。この場合、子供の保育所・学童の送迎を考えると、自宅に近い地域で探すことが多くなり、パート就労を決めることが多いが、とりあえずは子供の送迎を考えて、就労先を決めよう。

5、元夫に子供の養育費の支払いを約束させ、履行させることは元夫のためにも大切なことである。協議が成立しない場合、家庭裁判所での調停や係争の手続きが必要な場合も少なくない。さらには、元夫の負の遺産・借金の支払いや元夫からの嫌がらせが続くこともある。福祉事務所の母子等自立支援員によく相談して知ってもらっておくことが大切である。

　母子となった母親の多くは、母子となった直後の短期間のうちにこれらのことを一つ一つ手続きし、解決させながら、市町村の窓口で、就労して生活費に足りない不足について、児童扶養手当の申請や医療費助成の申請などの諸手続きをしている。これらの諸手続きは、子供の養育・教育のためにとても有益なことである。まわりの保育士らの関係者は、これらの手続きをぜひ励して欲しい。

【引用・参考文献】
宮武正明『子どもの貧困』みらい、2014年

（宮武正明）

付録（関連資料）

◎幼稚園教育要領(平成29年 文部科学省 告示) —— 抜粋

第2章　ねらい及び内容
健　康
人間関係
環　境
言　葉
表　現

◎保育所保育指針(平成29年 厚生労働省 告示) —— 抜粋

第2章　保育の内容

1　乳児保育に関わるねらい及び内容
　（1）基本的事項
　（2）ねらい及び内容
　（3）保育の実施に関わる配慮事項

2　1歳以上3歳未満児の保育に関わるねらい及び内容
　（1）基本的事項
　（2）ねらい及び内容
　　ア　健康
　　イ　人間関係
　　ウ　環境
　　エ　言葉
　　オ　表現
　（3）保育の実施に関わる配慮事項

〔注〕「保育所保育指針」第2章所収の＜3歳以上の保育に関わるねらい及び内容＞については、「幼稚園教育要領」第2章とほぼ同様の内容なので、掲載していない。上記「要領」第2章を参照されたい。

◎幼稚園教育要領──抜粋
（平成29年　文部科学省 告示）

第2章　ねらい及び内容

健康
〔健康な心と体を育て、自ら健康で安全な生活をつくり出す力を養う。〕

1　ねらい
(1) 明るく伸び伸びと行動し、充実感を味わう。
(2) 自分の体を十分に動かし、進んで運動しようとする。
(3) 健康、安全な生活に必要な習慣や態度を身に付け、見通しをもって行動する。

2　内容
(1) 先生や友達と触れ合い、安定感をもって行動する。
(2) いろいろな遊びの中で十分に体を動かす。
(3) 進んで戸外で遊ぶ。
(4) 様々な活動に親しみ、楽しんで取り組む。
(5) 先生や友達と食べることを楽しみ、食べ物への興味や関心をもつ。
(6) 健康な生活のリズムを身に付ける。
(7) 身の回りを清潔にし、衣服の着脱、食事、排泄などの生活に必要な活動を自分でする。
(8) 幼稚園における生活の仕方を知り、自分たちで生活の場を整えながら見通しをもって行動する。
(9) 自分の健康に関心をもち、病気の予防などに必要な活動を進んで行う。
(10) 危険な場所、危険な遊び方、災害時などの行動の仕方が分かり、安全に気を付けて行動する。

3　内容の取扱い
上記の取扱いに当たっては、次の事項に留意する必要がある。
(1) 心と体の健康は、相互に密接な関連があるものであることを踏まえ、幼児が教師や他の幼児との温かい触れ合いの中で自己の存在感や充実感を味わうことなどを基盤として、しなやかな心と体の発達を促すこと。特に、十分に体を動かす気持ちよさを体験し、自ら体を動かそうとする意欲が育つようにすること。
(2) 様々な遊びの中で、幼児が興味や関心、能力に応じて全身を使って活動することにより、体を動かす楽しさを味わい、自分の体を大切にしようとする気持ちが育つようにすること。その際、多様な動きを経験する中で、体の動きを調整するようにすること。
(3) 自然の中で伸び伸びと体を動かして遊ぶことにより、体の諸機能の発達が促されることに留意し、幼児の興味や関心が戸外にも向くようにすること。その際、幼児の動線に配慮した園庭や遊具の配置などを工夫すること。
(4) 健康な心と体を育てるためには食育を通じた望ましい食習慣の形成が大切であることを踏まえ、幼児の食生活の実情に配慮し、和やかな雰囲気の中で教師や他の幼児と食べる喜びや楽しさを味わったり、様々な食べ物への興味や関心をもったりするなどし、食の大切さに気付き、進んで食べようとする気持ちが育つようにすること。
(5) 基本的な生活習慣の形成に当たっては、家庭での生活経験に配慮し、幼児の自立心を育て、幼児が他の幼児と関わりながら主体的な活動を展開する中で、生活に必要な習慣を身に付け、次第に見通しをもって行動できるようにすること。

(6) 安全に関する指導に当たっては、情緒の安定を図り、遊びを通して安全についての構えを身に付け、危険な場所や事物などが分かり、安全についての理解を深めるようにすること。また、交通安全の習慣を身に付けるようにするとともに、避難訓練などを通して、災害などの緊急時に適切な行動がとれるようにすること。

人間関係

〔他の人々と親しみ、支え合って生活するために、自立心を育て、人と関わる力を養う。〕

1 ねらい

(1) 幼稚園生活を楽しみ、自分の力で行動することの充実感を味わう。
(2) 身近な人と親しみ、関わりを深め、工夫したり、協力したりして一緒に活動する楽しさを味わい、愛情や信頼感をもつ。
(3) 社会生活における望ましい習慣や態度を身に付ける。

2 内容

(1) 先生や友達と共に過ごすことの喜びを味わう。
(2) 自分で考え、自分で行動する。
(3) 自分でできることは自分でする。
(4) いろいろな遊びを楽しみながら物事をやり遂げようとする気持ちをもつ。
(5) 友達と積極的に関わりながら喜びや悲しみを共感し合う。
(6) 自分の思ったことを相手に伝え、相手の思っていることに気付く。
(7) 友達のよさに気付き、一緒に活動する楽しさを味わう。
(8) 友達と楽しく活動する中で、共通の目的を見いだし、工夫したり、協力したりなどする。
(9) よいことや悪いことがあることに気付き、考えながら行動する。
(10) 友達との関わりを深め、思いやりをもつ。
(11) 友達と楽しく生活する中できまりの大切さに気付き、守ろうとする。
(12) 共同の遊具や用具を大切にし、皆で使う。
(13) 高齢者をはじめ地域の人々などの自分の生活に関係の深いいろいろな人に親しみをもつ。

3 内容の取扱い

上記の取扱いに当たっては、次の事項に留意する必要がある。

(1) 教師との信頼関係に支えられて自分自身の生活を確立していくことが人と関わる基盤となることを考慮し、幼児が自ら周囲に働き掛けることにより多様な感情を体験し、試行錯誤しながら諦めずにやり遂げることの達成感や、前向きな見通しをもって自分の力で行うことの充実感を味わうことができるよう、幼児の行動を見守りながら適切な援助を行うようにすること。
(2) 一人一人を生かした集団を形成しながら人と関わる力を育てていくようにすること。その際、集団の生活の中で、幼児が自己を発揮し、教師や他の幼児に認められる体験をし、自分のよさや特徴に気付き、自信をもって行動できるようにすること。
(3) 幼児が互いに関わりを深め、協同して遊ぶようになるため、自ら行動する力を育てるようにするとともに、他の幼児と試行錯誤しながら活動を展開する楽しさや共通の目的が実現する喜びを味わうことができるようにすること。
(4) 道徳性の芽生えを培うに当たっては、基本的な生活習慣の形成を図るとともに、幼児が他の幼児との関わりの中で他人の存在に気付き、相手を尊重する気持ちをもって行動できるようにし、また、自然

や身近な動植物に親しむことなどを通して豊かな心情が育つようにすること。特に、人に対する信頼感や思いやりの気持ちは、葛藤やつまずきをも体験し、それらを乗り越えることにより次第に芽生えてくることに配慮すること。
(5) 集団の生活を通して、幼児が人との関わりを深め、規範意識の芽生えが培われることを考慮し、幼児が教師との信頼関係に支えられて自己を発揮する中で、互いに思いを主張し、折り合いを付ける体験をし、きまりの必要性などに気付き、自分の気持ちを調整する力が育つようにすること。
(6) 高齢者をはじめ地域の人々などの自分の生活に関係の深いいろいろな人と触れ合い、自分の感情や意志を表現しながら共に楽しみ、共感し合う体験を通して、これらの人々などに親しみをもち、人と関わることの楽しさや人の役に立つ喜びを味わうことができるようにすること。また、生活を通して親や祖父母などの家族の愛情に気付き、家族を大切にしようとする気持ちが育つようにすること。

環境

〔周囲の様々な環境に好奇心や探究心をもって関わり、それらを生活に取り入れていこうとする力を養う。〕

1　ねらい
(1) 身近な環境に親しみ、自然と触れ合う中で様々な事象に興味や関心をもつ。
(2) 身近な環境に自分から関わり、発見を楽しんだり、考えたりし、それを生活に取り入れようとする。
(3) 身近な事象を見たり、考えたり、扱ったりする中で、物の性質や数量、文字などに対する感覚を豊かにする。

2　内容
(1) 自然に触れて生活し、その大きさ、美しさ、不思議さなどに気付く。
(2) 生活の中で、様々な物に触れ、その性質や仕組みに興味や関心をもつ。
(3) 季節により自然や人間の生活に変化のあることに気付く。
(4) 自然などの身近な事象に関心をもち、取り入れて遊ぶ。
(5) 身近な動植物に親しみをもって接し、生命の尊さに気付き、いたわったり、大切にしたりする。
(6) 日常生活の中で、我が国や地域社会における様々な文化や伝統に親しむ。
(7) 身近な物を大切にする。
(8) 身近な物や遊具に興味をもって関わり、自分なりに比べたり、関連付けたりしながら考えたり、試したりして工夫して遊ぶ。
(9) 日常生活の中で数量や図形などに関心をもつ。
(10) 日常生活の中で簡単な標識や文字などに関心をもつ。
(11) 生活に関係の深い情報や施設などに興味や関心をもつ。
(12) 幼稚園内外の行事において国旗に親しむ。

3　内容の取扱い
上記の取扱いに当たっては、次の事項に留意する必要がある。
(1) 幼児が、遊びの中で周囲の環境と関わり、次第に周囲の世界に好奇心を抱き、その意味や操作の仕方に関心をもち、物事の法則性に気付き、自分なりに考えることができるようになる過程を大切にすること。また、他の幼児の考えなどに触れて新しい考えを生み出す喜びや楽しさを味わい、自分の考えをよりよいものにしようとする気持ちが育つようにすること。

(2) 幼児期において自然のもつ意味は大きく、自然の大きさ、美しさ、不思議さなどに直接触れる体験を通して、幼児の心が安らぎ、豊かな感情、好奇心、思考力、表現力の基礎が培われることを踏まえ、幼児が自然との関わりを深めることができるよう工夫すること。
(3) 身近な事象や動植物に対する感動を伝え合い、共感し合うことなどを通して自分から関わろうとする意欲を育てるとともに、様々な関わり方を通してそれらに対する親しみや畏敬の念、生命を大切にする気持ち、公共心、探究心などが養われるようにすること。
(4) 文化や伝統に親しむ際には、正月や節句など我が国の伝統的な行事、国歌、唱歌、わらべうたや我が国の伝統的な遊びに親しんだり、異なる文化に触れる活動に親しんだりすることを通じて、社会とのつながりの意識や国際理解の意識の芽生えなどが養われるようにすること。
(5) 数量や文字などに関しては、日常生活の中で幼児自身の必要感に基づく体験を大切にし、数量や文字などに関する興味や関心、感覚が養われるようにすること。

言葉

〔経験したことや考えたことなどを自分なりの言葉で表現し、相手の話す言葉を聞こうとする意欲や態度を育て、言葉に対する感覚や言葉で表現する力を養う。〕

1 ねらい
(1) 自分の気持ちを言葉で表現する楽しさを味わう。
(2) 人の言葉や話などをよく聞き、自分の経験したことや考えたことを話し、伝え合う喜びを味わう。
(3) 日常生活に必要な言葉が分かるようになるとともに、絵本や物語などに親しみ、言葉に対する感覚を豊かにし、先生や友達と心を通わせる。

2 内容
(1) 先生や友達の言葉や話に興味や関心をもち、親しみをもって聞いたり、話したりする。
(2) したり、見たり、聞いたり、感じたり、考えたりなどしたことを自分なりに言葉で表現する。
(3) したいこと、してほしいことを言葉で表現したり、分からないことを尋ねたりする。
(4) 人の話を注意して聞き、相手に分かるように話す。
(5) 生活の中で必要な言葉が分かり、使う。
(6) 親しみをもって日常の挨拶をする。
(7) 生活の中で言葉の楽しさや美しさに気付く。
(8) いろいろな体験を通じてイメージや言葉を豊かにする。
(9) 絵本や物語などに親しみ、興味をもって聞き、想像をする楽しさを味わう。
(10) 日常生活の中で、文字などで伝える楽しさを味わう。

3 内容の取扱い
上記の取扱いに当たっては、次の事項に留意する必要がある。
(1) 言葉は、身近な人に親しみをもって接し、自分の感情や意志などを伝え、それに相手が応答し、その言葉を聞くことを通して次第に獲得されていくものであることを考慮して、幼児が教師や他の幼児と関わることにより心を動かされるような体験をし、言葉を交わす喜びを味わえるようにすること。
(2) 幼児が自分の思いを言葉で伝えるとともに、教師や他の幼児などの話を興味をもって注意して聞くことを通して次第に話を理解するようになっていき、言葉に

よる伝え合いができるようにすること。
(3) 絵本や物語などで、その内容と自分の経験とを結び付けたり、想像を巡らせたりするなど、楽しみを十分に味わうことによって、次第に豊かなイメージをもち、言葉に対する感覚が養われるようにすること。
(4) 幼児が生活の中で、言葉の響きやリズム、新しい言葉や表現などに触れ、これらを使う楽しさを味わえるようにすること。その際、絵本や物語に親しんだり、言葉遊びなどをしたりすることを通して、言葉が豊かになるようにすること。
(5) 幼児が日常生活の中で、文字などを使いながら思ったことや考えたことを伝える喜びや楽しさを味わい、文字に対する興味や関心をもつようにすること。

表現

〔感じたことや考えたことを自分なりに表現することを通して、豊かな感性や表現する力を養い、創造性を豊かにする。〕

1 ねらい
(1) いろいろなものの美しさなどに対する豊かな感性をもつ。
(2) 感じたことや考えたことを自分なりに表現して楽しむ。
(3) 生活の中でイメージを豊かにし、様々な表現を楽しむ。

2 内容
(1) 生活の中で様々な音、形、色、手触り、動きなどに気付いたり、感じたりするなどして楽しむ。
(2) 生活の中で美しいものや心を動かす出来事に触れ、イメージを豊かにする。
(3) 様々な出来事の中で、感動したことを伝え合う楽しさを味わう。
(4) 感じたこと、考えたことなどを音や動きなどで表現したり、自由にかいたり、つくったりなどする。
(5) いろいろな素材に親しみ、工夫して遊ぶ。
(6) 音楽に親しみ、歌を歌ったり、簡単なリズム楽器を使ったりなどする楽しさを味わう。
(7) かいたり、つくったりすることを楽しみ、遊びに使ったり、飾ったりなどする。
(8) 自分のイメージを動きや言葉などで表現したり、演じて遊んだりするなどの楽しさを味わう。

3 内容の取扱い

上記の取扱いに当たっては、次の事項に留意する必要がある。
(1) 豊かな感性は、身近な環境と十分に関わる中で美しいもの、優れたもの、心を動かす出来事などに出会い、そこから得た感動を他の幼児や教師と共有し、様々に表現することなどを通して養われるようにすること。その際、風の音や雨の音、身近にある草や花の形や色など自然の中にある音、形、色などに気付くようにすること。
(2) 幼児の自己表現は素朴な形で行われることが多いので、教師はそのような表現を受容し、幼児自身の表現しようとする意欲を受け止めて、幼児が生活の中で幼児らしい様々な表現を楽しむことができるようにすること。
(3) 生活経験や発達に応じ、自ら様々な表現を楽しみ、表現する意欲を十分に発揮させることができるように、遊具や用具などを整えたり、様々な素材や表現の仕方に親しんだり、他の幼児の表現に触れられるよう配慮したりし、表現する過程を大切にして自己表現を楽しめるように工夫すること。

◎保育所保育指針 —— 抜粋
(平成29年 厚生労働省 告示)

第2章 ねらい及び内容

1 乳児保育に関わるねらい及び内容

(1) 基本的事項

ア 乳児期の発達については、視覚、聴覚などの感覚や、座る、はう、歩くなどの運動機能が著しく発達し、特定の大人との応答的な関わりを通じて、情緒的な絆(きずな)が形成されるといった特徴がある。これらの発達の特徴を踏まえて、乳児保育は、愛情豊かに、応答的に行われることが特に必要である。

イ 本項においては、この時期の発達の特徴を踏まえ、乳児保育の「ねらい」及び「内容」については、身体的発達に関する視点「健やかに伸び伸びと育つ」、社会的発達に関する視点「身近な人と気持ちが通じ合う」及び精神的発達に関する視点「身近なものと関わり感性が育つ」としてまとめ、示している。

ウ 本項の各視点において示す保育の内容は、第1章の2に示された養護における「生命の保持」及び「情緒の安定」に関わる保育の内容と、一体となって展開されるものであることに留意が必要である。

(2) ねらい及び内容

ア 健やかに伸び伸びと育つ

健康な心と体を育て、自ら健康で安全な生活をつくり出す力の基盤を培う。

(ア) ねらい

① 身体感覚が育ち、快適な環境に心地よさを感じる。

② 伸び伸びと体を動かし、はう、歩くなどの運動をしようとする。

③ 食事、睡眠等の生活のリズムの感覚が芽生える。

(イ) 内容

① 保育士等の愛情豊かな受容の下で、生理的・心理的欲求を満たし、心地よく生活をする。

② 一人一人の発育に応じて、はう、立つ、歩くなど、十分に体を動かす。

③ 個人差に応じて授乳を行い、離乳を進めていく中で、様々な食品に少しずつ慣れ、食べることを楽しむ。

④ 一人一人の生活のリズムに応じて、安全な環境の下で十分に午睡をする。

⑤ おむつ交換や衣服の着脱などを通じて、清潔になることの心地よさを感じる。

(ウ) 内容の取扱い

上記の取扱いに当たっては、次の事項に留意する必要がある。

① 心と体の健康は、相互に密接な関連があるものであることを踏まえ、温かい触れ合いの中で、心と体の発達を促すこと。特に、寝返り、お座り、はいはい、つかまり立ち、伝い歩きなど、発育に応じて、遊びの中で体を動かす機会を十分に確保し、自ら体を動かそうとする意欲が育つようにすること。

② 健康な心と体を育てるためには望ましい食習慣の形成が重要であることを踏まえ、離乳食が完了期へと徐々に移行する中で、様々な食品に慣れるようにするとともに、和やかな雰囲気の中で食べる喜びや楽しさを味わい、進んで食べようとする気持ちが育つようにすること。なお、食物アレルギーのある子どもへの対応については、嘱託医等の指示や協力の下に適切に

対応すること。
イ　身近な人と気持ちが通じ合う
　受容的・応答的な関わりの下で、何かを伝えようとする意欲や身近な大人との信頼関係を育て、人と関わる力の基盤を培う。
（ア）ねらい
① 安心できる関係の下で、身近な人と共に過ごす喜びを感じる。
② 体の動きや表情、発声等により、保育士等と気持ちを通わせようとする。
③ 身近な人と親しみ、関わりを深め、愛情や信頼感が芽生える。
（イ）内容
① 子どもからの働きかけを踏まえた、応答的な触れ合いや言葉がけによって、欲求が満たされ、安定感をもって過ごす。
② 体の動きや表情、発声や喃語(なん)等を優しく受け止めてもらい、保育士等とのやり取りを楽しむ。
③ 生活や遊びの中で、自分の身近な人の存在に気付き、親しみの気持ちを表す。
④ 保育士等による語りかけや歌いかけ、発声や喃語(なん)等への応答を通じて、言葉の理解や発語の意欲が育つ。
⑤ 温かく、受容的な関わりを通じて、自分を肯定する気持ちが芽生える。
（ウ）内容の取扱い
　上記の取扱いに当たっては、次の事項に留意する必要がある。
① 保育士等との信頼関係に支えられて生活を確立していくことが人と関わる基盤となることを考慮して、子どもの多様な感情を受け止め、温かく受容的・応答的に関わり、一人一人に応じた適切な援助を行うようにすること。
② 身近な人に親しみをもって接し、自分の感情などを表し、それに相手が応答する

言葉を聞くことを通して、次第に言葉が獲得されていくことを考慮して、楽しい雰囲気の中での保育士等との関わり合いを大切にし、ゆっくりと優しく話しかけるなど、積極的に言葉のやり取りを楽しむことができるようにすること。
ウ　身近なものと関わり感性が育つ
　身近な環境に興味や好奇心をもって関わり、感じたことや考えたことを表現する力の基盤を培う。
（ア）ねらい
① 身の回りのものに親しみ、様々なものに興味や関心をもつ。
② 見る、触れる、探索するなど、身近な環境に自分から関わろうとする。
③ 身体の諸感覚による認識が豊かになり、表情や手足、体の動き等で表現する。
（イ）内容
① 身近な生活用具、玩具や絵本などが用意された中で、身の回りのものに対する興味や好奇心をもつ。
② 生活や遊びの中で様々なものに触れ、音、形、色、手触りなどに気付き、感覚の働きを豊かにする。
③ 保育士等と一緒に様々な色彩や形のものや絵本などを見る。
④ 玩具や身の回りのものを、つまむ、つかむ、たたく、引っ張るなど、手や指を使って遊ぶ。
⑤ 保育士等のあやし遊びに機嫌よく応じたり、歌やリズムに合わせて手足や体を動かして楽しんだりする。
（ウ）内容の取扱い
　上記の取扱いに当たっては、次の事項に留意する必要がある。
① 玩具などは、音質、形、色、大きさなど子どもの発達状態に応じて適切なもの

を選び、その時々の子どもの興味や関心を踏まえるなど、遊びを通して感覚の発達が促されるものとなるように工夫すること。なお、安全な環境の下で、子どもが探索意欲を満たして自由に遊べるよう、身の回りのものについては、常に十分な点検を行うこと。
② 乳児期においては、表情、発声、体の動きなどで、感情を表現することが多いことから、これらの表現しようとする意欲を積極的に受け止めて、子どもが様々な活動を楽しむことを通して表現が豊かになるようにすること。

(3) 保育の実施に関わる配慮事項

ア 乳児は疾病への抵抗力が弱く、心身の機能の未熟さに伴う疾病の発生が多いことから、一人一人の発育及び発達状態や健康状態についての適切な判断に基づく保健的な対応を行うこと。

イ 一人一人の子どもの生育歴の違いに留意しつつ、欲求を適切に満たし、特定の保育士が応答的に関わるように努めること。

ウ 乳児保育に関わる職員間の連携や嘱託医との連携を図り、第3章に示す事項を踏まえ、適切に対応すること。栄養士及び看護師等が配置されている場合は、その専門性を生かした対応を図ること。

エ 保護者との信頼関係を築きながら保育を進めるとともに、保護者からの相談に応じ、保護者への支援に努めていくこと。

オ 担当の保育士が替わる場合には、子どものそれまでの生育歴や発達過程に留意し、職員間で協力して対応すること。

2　1歳以上3歳未満児の保育に関わるねらい及び内容

(1) 基本的事項

ア この時期においては、歩き始めから、歩く、走る、跳ぶなどへと、基本的な運動機能が次第に発達し、排泄の自立のための身体的機能も整うようになる。つまむ、めくるなどの指先の機能も発達し、食事、衣類の着脱なども、保育士等の援助の下で自分で行うようになる。発声も明瞭になり、語彙も増加し、自分の意思や欲求を言葉で表出できるようになる。このように自分でできることが増えてくる時期であることから、保育士等は、子どもの生活の安定を図りながら、自分でしようとする気持ちを尊重し、温かく見守るとともに、愛情豊かに、応答的に関わることが必要である。

イ 本項においては、この時期の発達の特徴を踏まえ、保育の「ねらい」及び「内容」について、心身の健康に関する領域「健康」、人との関わりに関する領域「人間関係」、身近な環境との関わりに関する領域「環境」、言葉の獲得に関する領域「言葉」及び感性と表現に関する領域「表現」としてまとめ、示している。

ウ 本項の各領域において示す保育の内容は、第1章の2に示された養護における「生命の保持」及び「情緒の安定」に関わる保育の内容と、一体となって展開されるものであることに留意が必要である。

(2) ねらい及び内容
ア　健康
　　健康な心と体を育て、自ら健康で安全な生活をつくり出す力を養う。

（ア）ねらい
① 明るく伸び伸びと生活し、自分から体を動かすことを楽しむ。
② 自分の体を十分に動かし、様々な動きをしようとする。
③ 健康、安全な生活に必要な習慣に気付き、自分でしてみようとする気持ちが育つ。

（イ）内容
① 保育士等の愛情豊かな受容の下で、安定感をもって生活をする。
② 食事や午睡、遊びと休息など、保育所における生活のリズムが形成される。
③ 走る、跳ぶ、登る、押す、引っ張るなど全身を使う遊びを楽しむ。
④ 様々な食品や調理形態に慣れ、ゆったりとした雰囲気の中で食事や間食を楽しむ。
⑤ 身の回りを清潔に保つ心地よさを感じ、その習慣が少しずつ身に付く。
⑥ 保育士等の助けを借りながら、衣類の着脱を自分でしようとする。
⑦ 便器での排泄に慣れ、自分で排泄ができるようになる。

（ウ）内容の取扱い
上記の取扱いに当たっては、次の事項に留意する必要がある。
① 心と体の健康は、相互に密接な関連があるものであることを踏まえ、子どもの気持ちに配慮した温かい触れ合いの中で、心と体の発達を促すこと。特に、一人一人の発育に応じて、体を動かす機会を十分に確保し、自ら体を動かそうとする意欲が育つようにすること。
② 健康な心と体を育てるためには望ましい食習慣の形成が重要であることを踏まえ、ゆったりとした雰囲気の中で食べる喜びや楽しさを味わい、進んで食べようとする気持ちが育つようにすること。な

お、食物アレルギーのある子どもへの対応については、嘱託医等の指示や協力の下に適切に対応すること。
③ 排泄の習慣については、一人一人の排尿間隔等を踏まえ、おむつが汚れていないときに便器に座らせるなどにより、少しずつ慣れさせるようにすること。
④ 食事、排泄、睡眠、衣類の着脱、身の回りを清潔にすることなど、生活に必要な基本的な習慣については、一人一人の状態に応じ、落ち着いた雰囲気の中で行うようにし、子どもが自分でしようとする気持ちを尊重すること。また、基本的な生活習慣の形成に当たっては、家庭での生活経験に配慮し、家庭との適切な連携の下で行うようにすること。

イ　人間関係
他の人々と親しみ、支え合って生活するために、自立心を育て、人と関わる力を養う。

（ア）ねらい
① 保育所での生活を楽しみ、身近な人と関わる心地よさを感じる。
② 周囲の子ども等への興味や関心が高まり、関わりをもとうとする。
③ 保育所の生活の仕方に慣れ、きまりの大切さに気付く。

（イ）内容
① 保育士等や周囲の子ども等との安定した関係の中で、共に過ごす心地よさを感じる。
② 保育士等の受容的・応答的な関わりの中で、欲求を適切に満たし、安定感をもって過ごす。
③ 身の回りに様々な人がいることに気付き、徐々に他の子どもと関わりをもって遊ぶ。
④ 保育士等の仲立ちにより、他の子どもとの関わり方を少しずつ身につける。

⑤ 保育所の生活の仕方に慣れ、きまりがあることや、その大切さに気付く。
⑥ 生活や遊びの中で、年長児や保育士等の真似をしたり、ごっこ遊びを楽しんだりする。
(ウ) 内容の取扱い
　上記の取扱いに当たっては、次の事項に留意する必要がある。
① 保育士等との信頼関係に支えられて生活を確立するとともに、自分で何かをしようとする気持ちが旺盛になる時期であることに鑑み、そのような子どもの気持ちを尊重し、温かく見守るとともに、愛情豊かに、応答的に関わり、適切な援助を行うようにすること。
② 思い通りにいかない場合等の子どもの不安定な感情の表出については、保育士等が受容的に受け止めるとともに、そうした気持ちから立ち直る経験や感情をコントロールすることへの気付き等につなげていけるように援助すること。
③ この時期は自己と他者との違いの認識がまだ十分ではないことから、子どもの自我の育ちを見守るとともに、保育士等が仲立ちとなって、自分の気持ちを相手に伝えることや相手の気持ちに気付くことの大切さなど、友達の気持ちや友達との関わり方を丁寧に伝えていくこと。

ウ　環境
　周囲の様々な環境に好奇心や探究心をもって関わり、それらを生活に取り入れていこうとする力を養う。
(ア) ねらい
① 身近な環境に親しみ、触れ合う中で、様々なものに興味や関心をもつ。
② 様々なものに関わる中で、発見を楽しんだり、考えたりしようとする。
③ 見る、聞く、触るなどの経験を通して、感覚の働きを豊かにする。
(イ) 内容
① 安全で活動しやすい環境での探索活動等を通して、見る、聞く、触れる、嗅ぐ、味わうなどの感覚の働きを豊かにする。
② 玩具、絵本、遊具などに興味をもち、それらを使った遊びを楽しむ。
③ 身の回りの物に触れる中で、形、色、大きさ、量などの物の性質や仕組みに気付く。
④ 自分の物と人の物の区別や、場所的感覚など、環境を捉える感覚が育つ。
⑤ 身近な生き物に気付き、親しみをもつ。
⑥ 近隣の生活や季節の行事などに興味や関心をもつ。
(ウ) 内容の取扱い
　上記の取扱いに当たっては、次の事項に留意する必要がある。
① 玩具などは、音質、形、色、大きさなど子どもの発達状態に応じて適切なものを選び、遊びを通して感覚の発達が促されるように工夫すること。
② 身近な生き物との関わりについては、子どもが命を感じ、生命の尊さに気付く経験へとつながるものであることから、そうした気付きを促すような関わりとなるようにすること。
③ 地域の生活や季節の行事などに触れる際には、社会とのつながりや地域社会の文化への気付きにつながるものとなることが望ましいこと。その際、保育所内外の行事や地域の人々との触れ合いなどを通して行うこと等も考慮すること。

エ　言葉
　経験したことや考えたことなどを自分なりの言葉で表現し、相手の話す言葉を聞

こうとする意欲や態度を育て、言葉に対する感覚や言葉で表現する力を養う。
（ア）ねらい
① 言葉遊びや言葉で表現する楽しさを感じる。
② 人の言葉や話などを聞き、自分でも思ったことを伝えようとする。
③ 絵本や物語等に親しむとともに、言葉のやり取りを通じて身近な人と気持ちを通わせる。
（イ）内容
① 保育士等の応答的な関わりや話しかけにより、自ら言葉を使おうとする。
② 生活に必要な簡単な言葉に気付き、聞き分ける。
③ 親しみをもって日常の挨拶に応じる。
④ 絵本や紙芝居を楽しみ、簡単な言葉を繰り返したり、模倣をしたりして遊ぶ。
⑤ 保育士等とごっこ遊びをする中で、言葉のやり取りを楽しむ。
⑥ 保育士等を仲立ちとして、生活や遊びの中で友達との言葉のやり取りを楽しむ。
⑦ 保育士等や友達の言葉や話に興味や関心をもって、聞いたり、話したりする。
（ウ）内容の取扱い
　上記の取扱いに当たっては、次の事項に留意する必要がある。
① 身近な人に親しみをもって接し、自分の感情などを伝え、それに相手が応答し、その言葉を聞くことを通して、次第に言葉が獲得されていくものであることを考慮して、楽しい雰囲気の中で保育士等との言葉のやり取りができるようにすること。
② 子どもが自分の思いを言葉で伝えるとともに、他の子どもの話などを聞くことを通して、次第に話を理解し、言葉による伝え合いができるようになるよう、気持ちや経験等の言語化を行うことを援助するなど、子ども同士の関わりの仲立ちを行うようにすること。
③ この時期は、片言から、二語文、ごっこ遊びでのやり取りができる程度へと、大きく言葉の習得が進む時期であることから、それぞれの子どもの発達の状況に応じて、遊びや関わりの工夫など、保育の内容を適切に展開することが必要であること。

オ　表現
　感じたことや考えたことを自分なりに表現することを通して、豊かな感性や表現する力を養い、創造性を豊かにする。
（ア）ねらい
① 身体の諸感覚の経験を豊かにし、様々な感覚を味わう。
② 感じたことや考えたことなどを自分なりに表現しようとする。
③ 生活や遊びの様々な体験を通して、イメージや感性が豊かになる。
（イ）内容
① 水、砂、土、紙、粘土など様々な素材に触れて楽しむ。
② 音楽、リズムやそれに合わせた体の動きを楽しむ。
③ 生活の中で様々な音、形、色、手触り、動き、味、香りなどに気付いたり、感じたりして楽しむ。
④ 歌を歌ったり、簡単な手遊びや全身を使う遊びを楽しんだりする。
⑤ 保育士等からの話や、生活や遊びの中での出来事を通して、イメージを豊かにする。
⑥ 生活や遊びの中で、興味のあることや経験したことなどを自分なりに表現する。
（ウ）内容の取扱い
　上記の取扱いに当たっては、次の事項に留意する必要がある。

① 子どもの表現は、遊びや生活の様々な場面で表出されているものであることから、それらを積極的に受け止め、様々な表現の仕方や感性を豊かにする経験となるようにすること。
② 子どもが試行錯誤しながら様々な表現を楽しむことや、自分の力でやり遂げる充実感などに気付くよう、温かく見守るとともに、適切に援助を行うようにすること。
③ 様々な感情の表現等を通じて、子どもが自分の感情や気持ちに気付くようになる時期であることに鑑み、受容的な関わりの中で自信をもって表現をすることや、諦めずに続けた後の達成感等を感じられるような経験が蓄積されるようにすること。
④ 身近な自然や身の回りの事物に関わる中で、発見や心が動く経験が得られるよう、諸感覚を働かせることを楽しむ遊びや素材を用意するなど保育の環境を整えること。

(3) 保育の実施に関わる配慮事項

ア 特に感染症にかかりやすい時期であるので、体の状態、機嫌、食欲などの日常の状態の観察を十分に行うとともに、適切な判断に基づく保健的な対応を心がけること。

イ 探索活動が十分できるように、事故防止に努めながら活動しやすい環境を整え、全身を使う遊びなど様々な遊びを取り入れること。

ウ 自我が形成され、子どもが自分の感情や気持ちに気付くようになる重要な時期であることに鑑み、情緒の安定を図りながら、子どもの自発的な活動を尊重するとともに促していくこと。

エ 担当の保育士が替わる場合には、子どものそれまでの経験や発達過程に留意し、職員間で協力して対応すること。

【監修者紹介】

谷田貝公昭（やたがい・まさあき）
　目白大学名誉教授
［主な著書］『しつけ事典』（監修、一藝社、2013年）、『新版・保育用語辞典』（編集代表、一藝社、2016年）、『実践・保育内容シリーズ［全6巻］』（監修、一藝社、2014〜2015年）、『絵でわかるこどものせいかつずかん［全4巻］』（監修、合同出版、2012年）ほか多数

石橋哲成　（いしばし・てつなり）
　玉川大学名誉教授、田園調布学園大学大学院教授
［主な著書］『ペスタロッチー・フレーベル事典』（共編著、玉川大学出版部、2006年）、『ペスタロッチー・フレーベルと日本の近代教育』（共著、玉川大学出版部、2009年）、『新版・保育用語辞典』（共編著、一藝社、2016年）ほか多数

【編著者紹介】

髙玉和子（たかたま・かずこ）
　駒沢女子短期大学保育科教授
［主な著書］『新版・保育用語辞典』（編集委員、一藝社、2016年）、『新版児童家庭福祉論』＜保育者養成シリーズ＞（編著、一藝社、2015年）、『実践力がつく保育実習』（編著、大学図書出版、2014年）、『保育相談支援』＜保育者養成シリーズ＞（編著、一藝社　2013年）、ほか多数。

千葉弘明（ちばひろあき）
　鎌倉女子大学児童学部准教授
［主な著書］『保育者養成実習事後学習』（編著、大学図書出版、2012）、『児童家庭福祉の成立と課題』（勁草書房、2013）、『子どもと社会的養護の基本』（学文社、2017）『保育者養成のための初年次教育ワークブック』（一藝社、2018）他多数

【執筆者紹介】（五十音順）

糸井志津乃（いとい・しづの）　　　［第13章］
　　目白大学看護学部教授

今井大二郎（いまい・だいじろう）　［第9章］
　　聖セシリア女子短期大学専任講師

今井大二郎（いまい・だいじろう）　［第10章］
　　聖セシリア女子短期大学専任講師

大西次郎（おおにし・じろう）　　　［第3章］
　　大阪市立大学大学院教授

加藤勝弘（かとう・かつひろ）　　　［第7章］
　　八戸学院大学短期大学部准教授

高田さやか（たかだ・さやか）　　　［第2章］
　　夙川学院短期大学講師

髙玉和子（たかたま・かずこ）　　　［第1章］
　　〈編著者紹介参照〉

千葉弘明（ちば・ひろあき）　　　　［第14章］
　　〈編著者紹介参照〉

中島美那子（なかじま・みなこ）　　［第8章］
　　茨城キリスト教大学文学部准教授

長瀬啓子（ながせ・けいこ）　　　　［第11章］
　　東海学院大学人間関係学部講師

橋本好広（はしもと・よしひろ）　　　［第 4 章］
　足利短期大学講師

宮武正明（みやたけ・まさあき）　　　［第 5 章］
　池坊短期大学教授

宮武正明（みやたけ・まさあき）　　　［第15章］
　池坊短期大学教授

森合真一（もりあい・しんいち）　　　［第 6 章］
　豊岡短期大学専任講師

和田上貴昭（わだがみ・たかあき）　　［第12章］
　日本女子大学家政学部准教授

装丁（デザイン）齋藤視倭子
　　（イラスト）宮林道夫
図表作成　　　　蛮ハウス

コンパクト版保育者養成シリーズ
新版 児童家庭福祉論

2018年3月25日　初版第1刷発行

監修者　谷田貝公昭・石橋哲成
編著者　髙玉和子・千葉弘明
発行者　菊池公男

発行所　株式会社 一藝社
〒160-0014 東京都新宿区内藤町1-6
Tel. 03-5312-8890　Fax. 03-5312-8895
E-mail : info@ichigeisha.co.jp
HP : http://www.ichigeisha.co.jp
振替　東京 00180-5-350802
印刷・製本　シナノ書籍印刷株式会社

©Masaaki Yatagai, Tetsunari Ishibashi 2018 Printed in Japan
ISBN 978-4-86359-139-4 C3037
乱丁・落丁本はお取り替えいたします